中国私营企业成长与制度创新研究

Research on Growth and Institutional Innovation of Private Enterprises in China

王子林◎著

中国财经出版传媒集团

经济科学出版社

Economic Science Press

图书在版编目（CIP）数据

中国私营企业成长与制度创新研究/王子林著 . —北京：
经济科学出版社，2017. 3
ISBN 978 - 7 - 5141 - 7786 - 2

Ⅰ. ①中… Ⅱ. ①王… Ⅲ. ①私营企业 - 企业成长 - 研究 -
中国②私营企业 - 企业创新 - 研究 - 中国 Ⅳ. ①F279. 245

中国版本图书馆 CIP 数据核字（2017）第 032682 号

责任编辑：于海汛 李 林
责任校对：刘 昕
责任印制：潘泽新

中国私营企业成长与制度创新研究

王子林 著

经济科学出版社出版、发行 新华书店经销

社址：北京市海淀区阜成路甲 28 号 邮编：100142

总编部电话：010 - 88191217 发行部电话：010 - 88191522

网址：www. esp. com. cn

电子邮件：esp@ esp. com. cn

天猫网店：经济科学出版社旗舰店

网址：http：//jjkxcbs. tmall. com

北京季蜂印刷有限公司印装

710 × 1000 16 开 11. 75 印张 170000 字

2017 年 3 月第 1 版 2017 年 3 月第 1 次印刷

ISBN 978 - 7 - 5141 - 7786 - 2 定价：38. 00 元

（图书出现印装问题，本社负责调换。电话：010 - 88191510）

（版权所有 侵权必究 举报电话：010 - 88191586

电子邮箱：dbts@ esp. com. cn）

序

　　奉献给读者的这部著作，是王子林博士依据自己的博士论文整理修订后的总结性成果。作为王博士的论文指导老师，通读后欣愿为之撰一小序推介。

　　对当代中国私营企业的发展进行跟踪性理论研究，一直是我教学研究的主攻方向之一。我国私营企业的发展可以说经历了一个坎坷曲折的过程。新中国成立后，私营工商业与个体经济虽然有短暂的发展，但经过社会主义改造运动，尤其是"文化大革命"的冲击几乎被铲除殆尽。党的十一届三中全会为中国私营企业的发展吹来一股强劲的春风，使私营企业很快从体制外走入体制内，从停滞、徘徊步入了高速强劲的发展阶段。

　　历史与实践证明，私营经济是中国社会主义经济建设的重要组成部分，私营企业的发展对于中国优化投资主体格局、提高出口创汇能力、促进国民经济结构升级转型、缓解社会就业压力、保证国家税收、改善民生、促进社会和谐稳定发展都起到了不可替代的积极作用。时至今日，对于私营企业发展问题的研究已经不再是要不要发展的问题，而是如何使私营企业发展得更好、更迅速、更长寿、更健康、更具有可持续性的问题。应该清醒地看到，当前中国私营企业的发展仍然面临着许多问题，诸如寿命偏短、倒 U 曲线现象明显等。对于经济学者而言，为私营企业成长道路上扫除障碍，提出具有创新性与实践性的对策建议，促进私营企业的健康可持续发展是义不容辞的责任。

王子林博士对私营企业成长与发展问题关注已久，本书的撰写就是基于她多年的学习与调研基础上，总结、归纳、吸收多方研究成果完成的。王子林博士的著作《中国私营企业成长与制度创新研究》一书紧紧围绕着"私营企业成长与制度创新"的主题，以新制度经济学的视角切入来探讨中国私营企业的成长问题，对中国私营企业成长过程中所遭遇到的障碍进行了制度机理分析，批判了主流经济学者坚持完全理性人、完全信息、交易成本为零的假设，力图将企业成长的经济学研究纳入一个更为现实的条件之下，并在此基础上进行了中国私营企业成长制度环境与制度结构的需求与供给模型分析，以及美国与日本私营企业的比较制度分析，最终用制度逻辑的思路探讨了怎样通过新的制度安排即制度创新集合来规避企业制度障碍对企业成长的制约性。本专著从私营企业外部制度环境与内部制度结构两条线出发，较为全面的分析与再现了中国私营企业发展的轨迹与特征，指出了中国私营企业在当今这个充满不确定性的时代所面临的问题，并给出了解决问题的思路，表达了自己独到的见解，有理论，有实际，是一部理论紧密结合实际的力作。当然，本书也存在一些不足之处，中国的私营经济还十分年轻，从本身的形态而言就具备一定不成熟性与不确定性，理论研究最终要落地于实践检验，期望作者将来能使其研究更趋成熟完善。目前王博士正在博士后流动站进一步深造，学业专深，愿不负期冀。

时代在变革，理论要创新。随着中国社会主义建设与改革的不断深入，私营企业的成长与发展实践中还会出现更多的新

问题。作为一名经济学者，我愿像王子林博士一样对私营企业
发展问题潜心研究，努力探索其发展规律，为中国私营企业的
健康可持续发展贡献自己的绵薄之力。

潘石 长新
二〇一六年十一月

前　言

　　中国私营企业通过改革开放 30 多年来的成长，在现今的经济发展中占据着不可或缺的地位，起到了举足轻重的作用。但是在肯定中国私营企业发展所取得的成绩的同时，我们也应该看到在成长过程中其衍生出来的钝化甚至于灭亡的状态：寿命偏短、规模难扩大、"倒 U 曲线"现象明显等。传统的主流经济学理论始终坚持完全理性人、完全信息、交易成本为零的假设，使得企业只需要按照边际收益等于边际成本的原则来配置资金、人力、技术等资源，无须考虑其他，然而，在现实的经济生活中，企业的成长并非如传统经济学理论勾勒得如此简单：仅依靠技术支撑与技术创新即可。正是由于这种理论与现实的脱轨，使主流的经济学观点无法真正有效地描述企业的运营过程。面对主流经济学理论的缺陷，新制度经济学者将搜寻客户信息、进行企业间的合作、企业内部管理等变量纳入到企业成长发展的研究模型中，力图使经济学研究立足于一个更为现实的条件之下。

　　本书综合了中国私营企业成长现状的讨论以及中国私营企业制度环境与制度结构变迁轨迹的梳理，由此可知企业是一种非一元动态发展的经济组织形式，而现代企业制度也是一个相对动态发展着的概念，从企业制度本身来看，不同外部制度环境和不同成长阶段下企业所需的生产要素的特征不同，企业既定规模边界和最优制度选择也相应发生了改变；而从企业成长的外部制度环境来看，私营企业的制度安排是私营企业在市场中运行的结果，政府运用着公共权力对市场进行着宏观调控，所以，企业制度设计运行的外部环境也需要政府通过一系列的制度安排来规范调整。

　　从总体上讲，无论是私营企业外部的制度环境，还是私营企业内部的制度结构，其制度变迁应该满足的是适应性效率标准而不是帕累托效率标准，制度的形成是边际的也是动态适应的，所以对于中国私营企业成长来说，最关键的因素并不单纯地取决于其是否构建了所谓先进的现代公司架构或者单纯地取决于其生存的市场体制的价格自由化程度高低等因素，而是取决于决定企业成长的制度集合（包括企业内部制度结构与企业外部制度环境）本身的相容性以及其是否与企业发展的现实相适应，这就是我国私营企业实现可持续成长的制度逻辑同样也是私营企业制度创新最根本的出发点，中国私营企业要实现健康可持续发展，就一定要大力推进成长的内外环境相容性制度集合创新，以解除企业成长的外源性障碍的同时增强企业成长的内生动力。

目　录

第 1 章

绪　论

1.1　研究背景与研究意义

1.1.1　研究背景

我国的私营企业经过改革开放 30 多年来的不断发展，以极具活力的姿态已经成为发展社会生产、增加财政收入、活跃商品市场、广开就业门路、方便群众生活、维护社会稳定的重要力量。2005~2015 年的10 年间，我国私营企业年均增长率达 15.5%，个体工商户年均增长率稳定在 4.4%。根据国家工商行政管理总局统计数据表明，到 2015 年底，我国私营企业数量达到 1668.37 万户，注册资本（金）81.3 万亿元；个体工商户数量达到 5561.06 万户，资金数额 3.43 万亿元，从业人员 12084.37 万人。从目前来看，我国企业总数的 70% 以上是私营企业，国内生产总值的 60% 以上也由私营企业和个体工商户所贡献，私营企业和个体工商户的从业人员占全国从业人口的 80%，私营企业和个体工商户所提供的新增就业岗位占全国新增就业岗位的 90% 以上，我国流动人口大多数在个私企业就业。①

虽然中国的私营企业通过近几年的发展取得了相当的成绩，但在这个过程中我们也看到了其中一些企业所表现出来的钝化及灭亡的现象，尤其是在中国现今这个正在经历蜕变的时代，体制改革、经济腾飞，各种现实的挑战和机遇交织在一起，不少企业呈现出急剧扩张的冲动与迷惘，在这种冲动与迷惘中，一些企业曾经以令人叹为观止的速度崛起，但在经历的短暂的三五年繁华之后又很快衰亡。例如最典型的三株集团、秦池酒厂、太阳神、巨人等，都是中国曾经家喻户晓的明星企业，但其成长的历程也仅如昙花一现，之后便荼蘼枯萎了。据 2003 年经理世界年会提供的数据表明，中国私营企业平均寿命为 8 年，中小企业平均寿命仅有 2.9 年。这不由令人深思，前车之覆当为后车之鉴，到底是哪股无形的力量将这些企业的名字刻上了死亡之书呢？笔者将在本书以新制度经济学的视角切入对此问题进行分析讨论。

1.1.2 选题意义

1. 研究的理论意义

企业成长问题已经成为经济学的研究热点问题之一。传统的主流经济学家在完全理性人、完全信息、交易成本为零的假设条件下将企业抽象为一个生产函数，追求边际成本等于边际收益的短期或长期目标以实现规模经济，由于当其他条件一定时，生产可能性曲线会因为技术进步而得到扩展（通过增加边际收益或减少边际成本），所以在主流经济学家眼中企业的成长依靠的是技术因素。然而众所周知，在现实的经济生

① 王钦敏. 中国民营经济发展报告 2015 [M]. 北京：中华工商联合出版社，2016：141 - 143.

活中仅依靠技术创新来带动企业成长是远远不够的，这正是主流经济学理论的缺陷所在，这种缺陷主要是由于其模型建立在完全理性人、完全信息、交易成本为零等与现实脱轨的假设条件之上而带来的。在实际生活中企业的成长不仅要依靠边际收益等于边际成本的原则来合理配置资金、人力、技术等资源，还同样需要如搜寻客户信息、进行企业间的合作、产品营销、企业内部组织管理、企业外部运行环境等制度上的支持。所以，制度是影响企业成长不容忽视的因素，本书就将结合中国私营企业的发展现状，以新制度经济学理论为基础，试图以制度创新的途径来解决我国私营企业在成长过程中遇到的问题，力图将企业成长的经济学研究纳入一个更为现实的条件之下。本书的研究进一步丰富了企业的成长理论。

2. 研究的实践意义

时至今日，对私营企业的认识和研究不再是要不要发展、以多大规模发展的问题，而是要如何使私营企业实现可持续成长的问题。当前，制约我国私营企业成长的制度障碍有来自企业外部的也有来自企业内部的。我国私营企业发展面临最大的外部问题是我国的许多制度设计和政策措施主要是为公有制经济尤其是为国有企业量体裁衣，外部制度环境有许多不利于私营经济存在和发展的地方。从内部制度障碍来看，我国私营企业的发展毕竟只有30多来年的历史，真正获得快速发展也只是从1992年以后，因此私营企业发展虽然迅速，但从企业的产权制度、组织制度及管理制度等方面来看，私营企业整体的发展水平仍处于较低的初始阶段，中国私营企业需要通过制度创新来摆脱成长困境。所以，中国私营企业成长的制度创新研究有助于私营企业发现其无法实现可持续成长的原因，并在此基础上帮助私营企业选择实现可持续成长的路径。

1.2 文献综述报告

1.2.1 关于私营企业概念的界定

汤明在他的博士论文《论转型期的私营企业成长》中探讨了关于私营企业的概念界定问题，他指出目前在讨论我国的企业问题时经常将"私营企业"、"民营企业"、"非公有制企业"三词套用十分不妥。他认为"民营"所指范畴不带有所有制属性，所以民营企业并不是一种以经济成分为界定标准来划分的企业，非公有制企业可以民营，公有制企业也可以民营。而"非公有制企业"国内学术界尚未有一个统一的定义，综合各方观点来看，大致包括外资企业、个体私营企业、私有成分占主导的混合所有制企业等。所以，总体上民营企业与非公有制企业在概念上是外延于私营企业的，两者都包括私营企业。

程玉敏、王益宝在（2003）《私营企业概念界定及其发展特征初探》一文中界定了我国私营企业的概念，文章指出私营企业与民营企业的概念既存在区别又有联系，其中民营企业应该包括私营企业和个体工商户以及部分合资企业，但私营企业是其主要组成部分。所谓民营不强调所有权，民营经济的形式可以是国有的、集体所有的、个体或私人所有的，而私营经济强调所有权归属私人所有，具体形式可以是个人所有、合伙人所有或者有限责任公司制。私营经济一定是民营经济，民营经济包含私营经济。

潘石、薛有志在（1996）《关于私营企业发展的几个理论和现实问题》一文中曾指出：依据国务院于 1988 年颁布的《中华人民共和国私营企业暂行条例》给出的私营企业的定义（即私营企业是指企业资产属于私人所有，雇工 8 人以上的营利性组织）事实上不利于私营企业的发展，可以重新界定为，私营企业是指企业资产属于私人所有，并存在雇工的营利性组织。应把是否存在雇工作为划分私营企业和个体户的依据。而后，潘石在（2011）《中国私营经济经济理论前沿问题研究》一书中详细阐述了私营经济与诸多相关经济形式的关系：（1）私营经济和民营经济：他认为，如果把私营经济中的"私营"仅从经济方式来理解，在这个意义上私营经济与民营经济确有一定的一致性，但私营经济是与公营经济相对的，而民营经济则与官营经济相对应。官营属于公营，但并非是公营的全部或唯一形式，集体经济显然也属于公营。民营则是除官营以外的一切经营方式，它不仅包括私人经营，也包括集体经营。由此可见民营大于私营，公营大于官营，它们之间不能完全等同或替代。（2）私营经济与个体经济：潘石指出，从理论上说，私营经济和个体经济同属一个大范畴，即私有经济范畴，因此二者具有紧密的联系和同一性，私有经济具有的属性，品格及特征，两者都应具备，无一例外。但是与此同时我们也必须看到私营经济与个体经济两者具有明显的差异即它们是两种不同形式的私有制。个体经济是以个体劳动为基础的一种经济形式，而私营经济则是以雇佣劳动为基础的一种经济形式。

本书所论述研究的是中国私营企业在成长过程中的制度集合（包括企业制度与制度环境）以及如何通过制度集合创新（包括企业制度创新与制度环境创新）来实现私营企业的可持续成长问题，这里的私营企业是指由自然人投资设立或控股，建立在雇佣劳动关系上以营利为目的的经济组织，是以经济成分为标准划分的一种企业类型，是由许多个微观行为主体集合而成的概念，一般不涉及某一具体私营企业。

1.2.2　关于企业成长理论的研究

1. 西方经济学者对企业成长的研究

（1）古典经济学的企业成长理论研究。主要包括亚当·斯密的企业成长理论以及马歇尔的企业成长理论。

亚当·斯密曾在《国民财富的性质和原因的研究》一书中对企业成长问题进行了论述，他指出随着分工劳动与专业化劳动程度的提高，一方面工人劳动的熟练程度得到了增长；另一方面不同工作项目间相互转换所损耗的时间也被节约下来。所以从总体上讲企业是以更低的成本获取了更多的产出，最终使其扩大了生产规模，实现了企业自身的成长。

马歇尔的《经济学原理》是这样理解企业成长的，他认为在现实经济生活中会同时存在大中小企业，在这些企业成长的过程中一些小企业会承受不了市场的激烈竞争而被淘汰，而另一些经得住考验的小企业则会羽翼渐丰成长为大企业，但企业成长的成本也会消耗其生命力，使其被一些新生的、具有青春活力的、实力较强的中小企业取代。他认为外部经济（依赖于工业一般发展的经济）和内部经济（依赖于从事这类工业的个别企业所拥有的资源和经营管理效率的经济）决定着企业的成长。"任何货物总产量的增加一般会扩大代表性企业的规模，这不仅能够增强企业的内部经济，同时也能获取外部经济，使它们能够消耗相较之前更低的成本（劳动和生产资料）来制造货物"。① 但企业成长是需要支付成本的，且该成本与企业规模之间是边际递增的关系——企业成长规模越大所耗费的成本越多，企业成长能力越几近枯竭。此外，马歇尔的企业成长理论还十分注重企业家对企业成长的影响，他认为企业家是进行组织管理并勇于冒险和承担风险的人，但由于企业家的精力和寿命是有限的，若管理权落到素质较差的管理者手中，最终会制约企业的成长，为了防止此种情况的发生，他认为可以采用股份公司的组织形式来解决此问题。马歇尔关于企业成长的探讨对后来诸多学者的企业成长理论影响颇深。时至今日，其理论中的股份公司制，企业家作用及内部经济与外部经济等都对如何使企业保持生产经营活力、实现可持续成

---

① 阿尔弗雷德·马歇尔. 经济学原理［M］. 北京：商务印书馆，1964（56）.

长具有重要的理论指导意义。

（2）新古典经济学的企业成长理论。新古典经济学理论中并没有针对企业成长问题进行专门的探讨，该理论模型将企业内部结构差异与企业内部各要素配置等因素排除在外，忽略掉企业之间存在的实际差别，使之能够被抽象为具有代表性的厂商，进而被表达成为投入与产出之间的函数关系。也就是说该理论认为企业成长的根本动力来自于对规模经济的追求，企业只能通过调整投入与产出之间的比例关系来寻求自身的最优规模。同时该理论还认为影响企业成长的因素都是外生的，针对外部变量的变化企业只能进行被动的调整，因此该理论并没有探究企业持续成长的内生动力为何以及企业外部运营环境对其实现可持续成长的影响。

（3）新制度经济学的企业成长理论。新制度经济学理论否定了新古典经济学对经济人的假设，认为人类并不是完全理性的，而是有限理性且行为具有一定机会主义倾向的。同时在现实经济生活中信息是不完全的，想要发生交易是会生成一定成本的，所生成成本的多少直接影响着交易行为的经济效率，新制度经济学理论认为制度就是为了降低交易成本而被设计出来的。其代表人物科斯，在著名的科斯定理中指出企业的扩张边界由交易费用决定，当市场交易成本与企业组织成本相等达到均衡点时企业的边界即定。同时该定理在承认交易费用存在的前提下还强调了产权的初始界定对经济效率的重要影响。而另一位代表人物威廉姆森则着重分析了资产专用性、机会主义与有限理性等因素对交易费用的影响，他认为这三者中最重要的因素是资产专用性，它表明了一个企业对市场的依赖程度，即资产专用性越大，涉及该资产的交易项目终止的越早，其"沉没成本"就会越大。

总而言之，新制度经济学理论认为交易费用与企业成长之间存在着密切的关系，企业的成长可以通过交易费用的降低得以实现，而制度是降低交易费用最有效的工具之一。新制度经济学以全新的视角来解读企业的成长问题，引起了学术界的广泛关注，其理论与现实的贴合性对研究企业的成长与发展问题具有很强的指导意义。

（4）其他西方经济学者关于企业成长的理论。企业成长的创新理论。1912 年，约瑟夫·熊彼得在《经济发展理论》一文中首次提及了创新的概念，他指出如果企业不进行创新，就无法实现持续成长。在他的理论中虽然涉及了企业组织形式的创新，但他更强调技术创新对企业成长的推动作用。

企业成长的资源基础论。1959 年，彭罗斯的《企业成长论》问世，该理论为"内生成长论"，它认为企业拥有的资源决定企业所具备的能力并最终决定企业的成长性。

管理主义的企业成长论。钱德勒在《看得见的手——美国企业的管理革命》一书中阐述了之所以现代公司制企业可以取代传统的家族式小企业，是因为现代公司制企业的管理能力整体上优于家族式企业。

2. 国内学者对企业成长的研究

蒋一苇（1980）在《企业本位论》中提出了企业是一个"生命体"，而不是没有生命的"砖头"，较早地抨击了新古典经济对企业完全理性人的假设。

杨杜（1995）在《企业成长论》中提出了"资源经营"、"多样化经济"等影响企业成长的因素。他在文章中指出，对于企业的成长，量的扩张是基础，最本质的追求应该是质的变化。他还认为多样化经济的高效性体现在企业同时经营多个产业比企业经营单一的产业更具盈利性上。并且企业走向多元化的过程，是以多元化和专业化交替出现，最终趋于多元化的过程。此外杨杜还强调了企业的成长能力是由集权与分权这两种矛盾力博弈而定的，而不是一种单纯的资源配置有效性的体现。他认为小企业之所以能够成长为大企业并在自己生产经营领域中占据一席之地的原因是由于其有能力享受到由规模经济、成长经济以及多样化经济复合而成的综合效益。

邢建国在《中小企业的可持续成长：代内成长与代际成长》一文

中给出了企业长期成长结构的"企业代"概念，即所谓企业代是指企业生命周期内各个阶段的更迭现象。根据"企业代"的概念可以将中小企业的可持续成长划分为"代内成长"与"代际成长"两种类型。一般情况下中小企业的代内成长是企业生命周期的主干，可以通过转换资本积累模式、更新运营理念以及储备战略资源等途径得以实现，是企业实现可持续成长的基础。但相较于代内成长，对实现中小企业可持续成长而言更具意义的是代际成长，代际成长是指企业在各阶更迭时的跨越成长期。也就是说，代内成长可以被视为是企业基本条件不变的前提下资产增长的过程，是一个以量变为主导的企业成长过程。而代际成长则是在企业基本条件发生变化时企业资产竞争力由弱到强的质变跨越式成长过程。由此可见，企业可持续成长的核心是在于企业的代际推进，而企业的代际推进是由基于技术创新能力决定的产品代际和基于制度创新能力决定的企业制度结构代际共同决定的。所以对于中小企业来说，在代内稳定成长的基础上，按照代际成长的需求提高自身技术与制度创新的能力，是实现企业可持续成长的关键所在。

黎志成与刁兆峰认为，决定企业发展的是其自身的成长力，企业的成长力决定于企业成长的抑制力与促进力的合力，企业成长力最终是否能够推动企业的发展是由成长抑制力与促进力的博弈结果决定的。

1.2.3　中国私营企业成长的制度创新研究

潘石、薛有志在（1996）《关于私营企业发展的几个理论和现实问题》一文中指出关于私营企业的发展，产权问题是关键。由于生产资料的私有性决定了私营企业的产权应该是明晰的，但中国的私营企业并没有满足其产权界定的要求，仍然呈现出一种混沌的状态。他们认为，中国私营企业产权制度创新的路径选择有三：一是由国家制定相应法规、条例规定私营企业新资入股前必须清楚核算其资产情况；二是以事实认定或协商等多种方式明晰目前企业模糊的产权；三是公平对待私营企业，消除与公有制企业相比不平等的制度缺陷。

陈工孟（2000）认为同国有企业一样，目前中国的私营企业也存在着如何构建现代企业制度以及规范公司治理结构的问题。他认为，构建股份有限公司和有限责任公司的企业制度创新虽然在客观上实现了所有权与经营权的分离，但是由于在两权分离的情况下，所有者与经营者在利益分配上的矛盾可能会促使经营者偏离企业所有者的利益，产生代理问题。他建议通过完善市场体系（包括资本市场、兼并市场、经理人市场以及其他相关市场载体）来构建规范经营者行为的企业运行机制，其中包括监督制度、激励制度与约束制度。即通过监督制度记录经营者业绩的同时校正经营者的失效行为；通过激励制度来规定经营者能分配到的经营成果；通过约束制度对经营者实施奖惩。激励制度产生的动力加上约束制度产生的压力再加上有效的监督，会从主观与客观双方面充分调动经营者的主观能动性，提高企业经营管理行为的效率，实现企业的可持续成长。

李晖（2001）认为私营企业在成长过程中遇到的问题只有走制度创新的道路才能够得以解决。第一，要改革不成熟的产权制度，对股份单一的私营企业进行产权结构优化，发展股份制；第二，拓宽融资渠道。实行公司制后私营企业可以选择直接融资与间接融资相结合的路径，推行股份制，以吸收社会闲散资金或其他企业参股；第三，建立现代企业制度，使企业的所有权与经营权分离，与此同时，健全规章制度，实行以人为本的管理方式，吸收人才参与公司重大发展项目，逐步趋同企业发展目标与员工个人发展目标；第四，在经营行为上，由低层次、不规范向高素质、依法经营转变；第五，在企业组织上，由小而散向公司化、集团化方向发展。一些有条件的、相对发展成熟的大企业可以尝试与国外大公司、大财团合资，实现资本扩张；第六，增长方式从粗放式经营向集约式经营转变。

汪凤桂认为我国私营企业具备其自己的制度特征即"三缘性"

与家族化。其中"三缘性"包括血缘性，亲缘性和地缘性。她指出中国私营企业的制度特征对其成长既存在适应性也存在抑制性。制度特征的适应性会随着企业规模的扩大而逐渐消失，并最终转化为阻碍企业进一步成长的障碍。汪凤桂认为面对目前中国私营企业的发展现状，制度创新是关键。她建议：第一，明晰产权，构建多元化产权主体；第二，打破集权式管理制度，建立合理的公司治理结构，实行科学管理。

年志远（2000）在《中国私营企业成长中的制度变迁》中指出私营企业在成长的过程中，随着企业规模的扩大、资产的增加、生产经营的日趋复杂，必须进行组织制度创新，使企业的发展与其制度相契合，延长企业生命，实现企业可持续发展的目标。他认为，中国私营企业的成长必须在以下方面及时完成制度变迁：第一，完成家长式管理向职业经理人管理的转变；第二，完成集权式管理向分权式管理的转变；第三，完成传统企业制度向现代化企业制度的转变。

王志勇（2005）在《我国私营企业成长危机探究》一文中对我国私营企业成长危机的诱因进行了分析。他认为在企业成长的过程中，战略决策决定了企业发展的方向、组织形式是企业发展的保障、管理能力可以提升企业的运营效率。因此，从以上三个方面入手就可以探究出我国私营企业成长危机的直接原因。首先，战略决策模式方面。由于历史原因与意识形态的驱动，中国私营企业的经营存在一种经验主义的心态，要解决私营企业成长危机就要从根本上杜绝这种"非理性决策"行为。其次，组织形式方面。由于私营企业主的素质与企业产权结构的制约，私营企业在创立伊始就缺乏制度性建设，因此进行深入、持久、广泛的制度建设应该是我国大多数私营企业面临的一个重要课题。私营企业进行制度建设、组织重构的重点在于由原来的简单直线制向直线职能制的转变，要充分发挥直线职能制科学、专业的优势，更好地完成企业组织中授权、分权、分工协作的调度。最后，管理模式方面。中国私营企业管理模式存在最主要的问题就是家长式管理带来的负面影响，中国私营企业应该逐渐向公众化公司管理模式发展。

王如平在《制度创新与我国私营企业的可持续发展》一文中指出我国私营企业制度创新除了要进行企业产权制度和决策机制的创新之外还要实现人力资本产权管理的创新和企业文化管理的创新。前者要建立一个顺畅的人才选拔机制，让企业内凡是有能力的管理者都能充实到企业的管理层中去，最大限度地实现人力资本价值；后者则要建立起适应企业成长与发展的、能够体现企业核心价值观的企业文化，注重以企业文化为基础的软环境建设，提高企业内部的凝聚力。

1.2.4 简要评析

伴随着我国私营经济的不断发展，关于私营经济中最重要的组织形式——私营企业的成长问题研究也已经成为学术界探讨的热点。每个学者都从各自的角度出发总结研究了私营企业实现可持续成长的关键所在。总体上可以分为两个派系：一派是基于主流经济学理论的技术创新派；另一派是基于新制度经济学理论的制度创新派。

传统的主流经济学理论认为企业是完全理性人，可以抽象为一个生产函数，以实现利润最大化为追求目标（函数表示为边际成本等于边际收益），当其他条件一定时，技术进步可以通过减少边际成本或增加边际收益来扩展生产可能性曲线，所以从这个角度来说，技术创新的确在一定程度上可以扩大企业生产规模，实现企业成长。但是现实经济生活中的实践告诉我们，企业的成长仅依靠技术的创新是远远不够的，这是主流经济学的缺陷所在，它的理论模型是建立在完全理性人、完全信息、交易成本为零等与现实不符的假设条件之上，在此模型中企业只需要按照边际收益等于边际成本的原则来配置资源即可，而无须考虑其他如企业间合作、搜寻客户信息、企业组织管理等因素，但这些因素在现实的经济生活都是真实存在的，正是由于其理论与现实的脱轨，使主流的经济学充斥着形而上的意味而没有真正有效地探讨企业的成长问题。新制度经济学的出现弥补了主流经济学的缺陷，将企业成长的经济学研究纳入一个更为现实的条件之下。

私营企业是一种非一元动态发展的组织形式，现代企业制度也是一个相对的、不断充实发展着的概念。选择企业制度的标准并不在于其是否采用了所谓先进的公司架构，而是在于所选的企业制度结构能否有利于降低交易成本，能否为管理者提供有效的激励与约束，能否为企业的可持续成长提供长期稳定的制度保证。除此之外，不同的制度环境与成长阶段下企业所需生产要素特征不同，所以相应地企业最具成长效率的制度选择也就会不同。

因此，综上所述，笔者认为当前中国私营企业成长的关键就在于企业现行的制度集合是否与其所处的成长阶段以及外部制度环境相融，研究怎样通过新的制度安排也就是制度创新来规避外部制度环境与内部制度结构对企业成长的制约性是非常有必要的。

1.3 研究方法与研究思路

1.3.1 研究方法

1. 规范分析和实证分析相结合的方法

研究中国私营企业成长的制度创新，首先要从理论上对这种经济现象给予一种合理的解释。本书主要涉及了马克思主义私营经济理论、企业成长理论、制度经济学理论等多种理论的综合运用，具有较强的理论性。其次理论的研究需要和事实结合起来，经过实践的检验才更具说服力。因此，对于中国私营企业成长的制度创新研究而言必须采用规范分析和实证分析相结合的方法。

中国的私营经济是中国转型时期国民经济中的重要组成部分，而私营企业是私营经济最主要的表现形式，探讨其制度创新就必须考察它的成长历程与发展现状。实证分析是一种利用统计资料进行的比较常见的经济学分析方法，它利用数据演示了在现实中经济现象的运行情况以及在运行过程中各个经济现象间的联系。本书利用实证分析的方法对中国私营企业发展现状进行了探讨，找到了私营企业成长障碍的制度机理，为实现私营企业可持续成长制度创新路径的选择提供了重要的理论与现实依据。

2. 统计分析方法

在全面了解了中国私营企业的成长状况之后，本书将运用统计分析方法中的描述统计法，从制度创新的视角出发，将相关理论与自己的理解相结合，对于多年来私营企业的制度安排做以描述并解释，从而提出问题，揭示弊端，总结经验。

3. 比较制度分析法

比较制度分析方法是新制度经济学理论当中较新的分析工具，它将制度变迁理论与博弈论的研究方法综合在一起，不仅分析了停留在现存的制度可以稳定运作的原因，同时还尝试着对制度的衍生与变化做动态的分析。经济活动的复杂性与有限理性是比较制度分析方法的前提，也就是说经济活动是一个复杂的运作过程，而经济活动的主体只具备有限理性。正是经济活动的复杂性要求通过建立制度来利用信息对资源进行有效分配，而在此背景下人们是不可能完全权衡所有利害得失的，只能进行有限理性的选择与归纳决策。此外，比较制度分析方法认为制度存在的重要条件之一就是制度要素间的相互作用，一种有效制度的出现通常会使得其他制度形式与其相适应，从而实现整个制度体制的和谐运转。这种制度间相互作用的思想渗入研究制度变迁与演进问题，有利于提高预测制度变迁内在逻辑与变迁路径的准确性，同时也有利于提高刻画一种经济体制内在制度结构具体特征的精确程度。

4. 系统分析与历史归纳相结合的方法

中国私营企业是自然、经济与社会所组成的有机系统中的一个子系统，并不是一个独立的概念。它的成长不仅决定于私营企业自身同时还与它所处的外部环境密切相关。系统分析与历史归纳相结合的分析方法能够使分析在逻辑清楚、主次分明的基础上梳理出私营企业的成长轨迹。在使用该分析工具的过程中，主要遵循如下思维：中国私营企业的制度安排是受多种因素影响的，这些变量处于动态变化的过程中，本书通过对制度变迁的供求分析来最终确定制度创新的走向。同时经济现实的发生与演进有着本身的起点与逻辑轨迹可循，针对该过程进行的总结与梳理对探讨私营企业的成长问题有着重大的意义。本书通过对中国私营企业外部制度环境变迁与内部制度结构变迁轨迹的梳理导出了两者制度供求模型的分析，为最终为私营企业制度创新路径的选择做出了理论导向。

1.3.2 本书研究思路与框架图

第 1 章，本书在导论中阐述了选题背景，分析了研究课题的理论意义与现实意义，介绍了本书所涉猎的研究方法及研究思路，进行了文献综述。

第 2 章，中国私营企业成长与制度创新研究相关理论概述。比较系统全面地介绍了与本书研究内容相关的马克思主义经典作家私有制理论、私营企业成长理论和新制度经济学理论。

第 3 章，中国私营企业的现实分析。本章总结了当前中国私营企业的发展概况以及私营企业在国民经济建设中的作用。并以新制度经济学的视角切入对中国私营企业成长进行了制度机理分析，具体指出了目前中国私营企业成长存在哪些外部制度环境障碍与内部制度结构障碍。

第 4 章，中国私营企业外部制度环境变迁分析。本章探讨了我国私营企业制度环境变迁的演进与地方政府行为偏好对私营企业成长的影响。最后进行了我国私营企业成长制度环境的需求与供给模型分析。

第 5 章，中国私营企业制度结构变迁分析。本章分析了我国私营企业产生的路径，由此归纳出中国私营企业的制度特征。并在此基础上探讨了制度特征对私营企业成长的辩证影响，最后进行了我国私营企业的内部制度结构需求与供给模式分析。

第 6 章，美、日私营企业比较制度分析及对中国私营企业成长与制度创新的启示。本章通过对美国与日本私营企业的产权制度、治理结构以及治理机制进行的比较制度分析，得出了一些对我国私营企业制度创新的可行建议与有益启发。

第 7 章，中国私营企业成长环境相容性制度集合创新路径选择。通过前几章对中国私营企业成长现状以及中国私营企业制度环境与制度结构变迁轨迹的梳理和发达国家私营企业的比较制度分析可知，中国私营企业要实现健康可持续发展，当前最有效的路径选择就是要在清醒认识其发展现实的基础上推进私营企业成长的内外环境相容性制度集合创新，在解除企业成长外源性障碍的同时增强企业成长的内生动力。本章具体探讨怎样通过制度创新来规避当前私营企业外部制度环境与内部制度结构中存在的制约企业可持续成长的障碍。

本书框架图如图 1.1 所示：

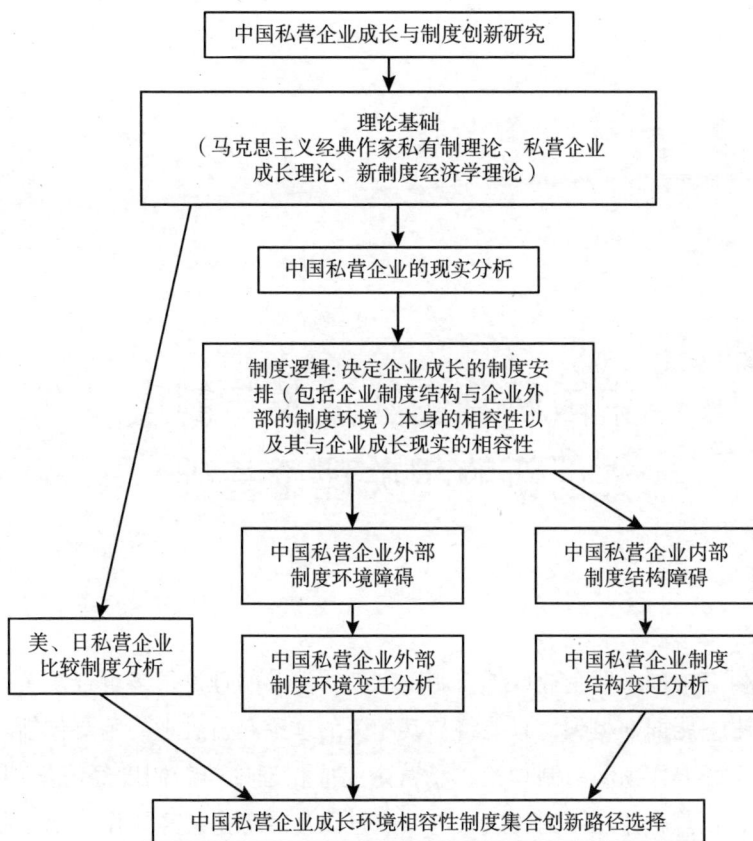

中国私营企业成长与制度创新研究

理论基础
（马克思主义经典作家私有制理论、私营企业
成长理论、新制度经济学理论）

中国私营企业的现实分析

制度逻辑：决定企业成长的制度安
排（包括企业制度结构与企业外
部的制度环境）本身的相容性以
及其与企业成长现实的相容性

中国私营企业外部
制度环境障碍

中国私营企业内部
制度结构障碍

中国私营企业外部
制度环境变迁分析

中国私营企业制度
结构变迁分析

美、日私营企业
比较制度分析

中国私营企业成长环境相容性制度集合创新路径选择

图1.1　本书研究框架

第 2 章

中国私营企业成长与制度
创新的相关理论基础

　　研究中国私营企业成长与制度创新所涉及的理论很多也很复杂，在此本书不能面面俱到，只能将与其相关的理论涵盖进来，主要包括马克思主义经典作家私有制理论、私营企业成长理论与新制度经济学理论。首先，私营企业在中国的成长与发展是以马克思主义经典作家私有制理论为基础的；其次，在现实的经济生活中，中国私营企业在发展的过程中普遍遭遇了成长危机，此时我们应当借鉴西方世界相对成熟的企业成长理论来丰富指导实践；最后，由于传统的主流经济学坚持完全理性人、完全信息、交易成本为零等假设，使其理论与现实脱轨，无法真正有效地描述企业的运营与成长过程，因此中国私营企业成长研究离不开新制度经济学理论的支持与指导。

2.1　马克思主义经典作家私有制理论

2.1.1　马克思和恩格斯：以辩证科学的态度对待私有制

私有制作为人类历史发展长河中一种基本的社会经济制度和生产关系被历代统治阶级（奴隶主、封建主、资本家）所强力维护、巩固与发展着。一些作为统治者"代言人"的经济学家也会顺应潮流设计种种理论去歌颂与维护私有制，因而资本主义私有制常被"包装"为人类社会最科学、最理想的一种社会制度，是不可被取代的。

在马克思与恩格斯之前，空想社会主义理论家曾对私有制进行过猛烈的抨击与批判。英国的托马斯·莫尔在 1516 年著书《乌托邦》中写道："私有制的存在使大多数人类都生活在无法逃避的重负之下，只有废除私有制，平均公正地分配财富才可以将人类从这种悲惨的深渊中解救出来。"另一位空想社会主义者欧文也曾指出："世界因为私有制的出现而逐渐沦为地狱，工人创造的财富被掌握着资本与权利的资本家无情地掠夺而去，使工人阶级不得不生活在困苦的深渊中无法自拔。"

应该说空想社会主义理论者对于资本主义私有制的批判存在积极的方面，它揭露了私有制压迫与剥削劳动人民的本质以及其渐渐阻碍生产力发展的事实，在一定程度上论证了资本主义私有制并非是人类社会最完美的社会制度。但是他们并不是站在客观存在的社会基本矛盾发展规律的理论基础上对私有制进行批判的，而只是基于一种"公平"与"正义"的道德立场，这就使得这种批判有失科学与理性的标准。

马克思和恩格斯与空想社会主义理论学者不同，他们是以辩证唯物主义与辩证唯物史观为理论基础，以科学的世界观和方法论来辩证地看待资本主义私有制，他们曾在《共产党宣言》中明确地肯定了私有制对人类历史发展的推动作用：（1）私有制"将一切建立在封建宗法基础上的田园关系都破坏了"推翻了旧封建制度，是人类社会进步的体现。（2）私有制扩大了劳动者的队伍。（3）私有制开辟了国际市场。"为扩大产品销路，资产阶级奔走于世界各地。他们必须四处落户、创业并建立联系。资产阶级这种行为无形中开拓了市场，使单个国家的生产与消费逐渐演变成世界性的了"。（4）私有制创造了世界性文明。"由于生产工具的迅速改进与交通的日渐便利，资产阶级私有制将一切民族包括最蛮夷的民族都卷入到文明中来了……可以说它依照自己的面貌延展出了一个更广阔的文明世界。"（5）私有制的发展扩大了城市的规模。"使乡村依附于城市……带领一大部分居民脱离了乡村生活的愚昧状态。"（6）私有制促成了以国家为单位的，经济与政治的统一。"为了生产资料与财富的集中，资产阶级积极消灭人口与各种生产资料的分散状态，这种行为势必会带来政治集中的结果"（7）私有制将生产力带到了前所未有的高度。马克思曾指出："资产阶级在它的不到一百年的阶级统治中所创造的生产力，比过去一切时代创造的全部生产力还要多，还要大。"①

在肯定了私有制在人类发展历史正效用的基础上，马克思明确地指出了它的局限性与历史暂时性——必然会被社会主义公有制所取代。他说："……因为资本主义生产力的过于发达使生产关系已无法适应，生产力已经受到私有制这种所有制关系的阻碍。"但在这里需要强调的是：首先，不再适应与阻碍社会生产力的发展是资本主义私有制局限性的集中体现，但是这种固有的局限性并不是私有制的"常态"，一般情况下只有当生产力发展到不能容纳与适应私有制时才会将其本身的这种局限性凸显出来。因此在绝大部分时间里资本主义私有制呈现出来的是一种显性的适应状态。其次，私有制是一个历史范畴，它的产生、发展直至消亡是一个自然的历史过程，不能单纯认知其永恒存在也不能妄论其寿

---

① 马克思恩格斯选集（第1卷）[M]. 北京：人民出版社，1972：253-266.

命短暂，在它还未发展至饱和状态之前，不管是什么社会形态都不会轻易走向灭亡。而更高级的新的生产关系的出现，势必要等它在物质条件旧社会的胞胎成熟之后才可以。

综上所述，马克思与恩格斯对于私有制的论述既没有像资产阶级庸俗经济学家那般，夸大其优越性，为其进行没有底线的辩护，也没有像空想社会主义学者那般，站在道德伦理的角度从根本上否定。马克思与恩格斯客观公正地论述了资本主义私有制产生的历史必然性，肯定了私有制的进步性，阐述了其存在的暂时性。马克思与恩格斯对待资本主义私有制科学辩证的态度是我们认识中国社会主义初级阶段私有制经济的科学理论指南。

2.1.2 毛泽东：对私有制理论的探索

毛泽东同志将马克思主义同中国的现实国情结合起来，以革命和实践的方式不断地探究资本主义私有制理论的本质，通过领导人民建设新社会、改造旧社会来切实地研究如何在中国这片土地上实现马克思主义。

1939 年毛泽东同志在《中国革命和中国共产党》一文中写道："现阶段的革命是为了改变中国半殖民地、半封建社会的社会性质，即目标是完成新民主主义革命。在革命胜利之后，由于资本主义经济被肃清了发展道路上的障碍，应该会有一个相当程度的发展，这是经济落后的中国在民主革命后一个无法回避的结果，是可以想象得到的，也是不足为怪的。"

毛泽东同志清醒地认识到了当时中国的基本国情——一个经济落后的农业大国，并在此基础上论证了发展资本主义经济的好处及必要性。他在"七大"的发言报告中指出："关于资本主义我已在报告（《论联合政府》的政治报告）中有所提及，就是比较充分地肯定了这个东西……我们这里的肯定，肯定的不是操纵国计民生的资本主义……而是公营与合作经济之外的私人资本主义，这只有好处没有坏处。"①

在列宁主义思想的基础上，毛泽东同志对新民主主义社会的经济形式做了总结，他认为新民主主义经济是一种混合型经济，其中包括社会主义性质的国民经济、农民个体经济、富农经济和私营自由资本主义经济。他在 1942 年 1 月的《中共中央关于抗日根据土地政策的决定》中指出："中国共产党不否认资本主义生产方式是对于当前的中国而言比较进步的生产方式……故党的政策并不是削弱消灭资本主义与资产阶级以及富农生产与富农阶级，而是要在改善工人工作生活条件的基础上奖励资本主义生产、联合资产阶级，奖励富农生产、联合富农。"②

毛泽东同志还认为中国新民主主义社会经历的时期可能会比较长，所以私有制的存在也并不会是短暂的，甚至还可能会有一定的发展。当时毛泽东同志估算中国新民主主义时期会持续 100 年，之后才会过渡成为社会主义。美国记者安娜·路易斯·斯特朗也曾在访问中就中国会允许私人企业存在多久的问题与毛泽东同志探讨过。毛泽东同志是这样回答的："会长期存在，因为中国目前比较落后，所以中国的私人资本主义会比当今欧洲的私人资本主义存在得更长久一些。"③

但是，在新中国成立以后毛泽东同志受到"左倾"思想的影响，否定了新民主主义革命的长期性，主张"让资本主义绝种"的方针，连续制定推行了一系列消灭私有制的政策制度与路线。到 1956 年底，中国的社会主义改造已经基本完成，私有制在这个过程中几乎被消灭殆尽。正是由于过早、过于急躁地消除了私有制，使新中国社会生产力的发展受到了影响，人民群众的生活水平一直维持在一个较低标准。实践使毛泽东同志意识到，在物质基础不够夯实的现实环境中过早地实现纯粹的社会主义是不现实的。于是，1956 年 12 月 7 日在约见民建、工商

---

① 毛泽东选集（第 4 卷）[M]．北京：人民出版社，1966：1425 – 1440．

② 中共中央抗日民族统一战线文选集（下）[M]．北京：档案出版社，1986：592 –593．

③ 王占阳．延安时期毛泽东关于私人资本主义经济的理论论述 [J]．长白学刊，1995（2）．

联负责人进行座谈时毛泽东同志指出："……我怀疑我国的新经济政策（笔者注：包含私有制成分）结束地有些仓促，只搞了两年就退转为进攻，到现在社会物质还不足……"① 毛泽东同志此次座谈的内容可以总结为对"左"思想的一种自我矫正，展现了一个无产阶级革命家勇于承认错误、追求真理的革命态度与风范。可惜，上述思想在当时并没有得到继续发展与贯彻。

2.1.3　邓小平：对马克思主义所有制理论的重大发展

邓小平继承与发展了马克思主义与毛泽东思想，他本着实事求是、解放思想的态度来看待私有制问题，在总结了中国新民主主义革命成果与经验教训的基础上创立了中国特色社会主义理论体系，这是理论联系实际的伟大实践，它的产生对中国经济社会的发展与雄起起到了决定性的影响。

第一，邓小平果敢地纠正了毛泽东同志的"左倾"错误，总结了党的历史经验教训，提出了解放思想、实事求是的思想路线，为我国私营经济发展奠定了思想基础。

第二，邓小平的社会主义初级阶段理论是中国特色社会主义的重要组成部分，是中国发展个体私营经济的理论基础。"初级阶段"这个提法在十三大之前就在党的有关文件中出现过，只是没有得到重视。在党的十三次代表大会上，邓小平指出："这次会议就是要阐述我国的社会主义处在一个什么阶段，总体来讲，就是处在初级阶段，是初级阶段的社会主义……一切都要从这个实际出发，以此来制定规划……马克思主义所设想的完全消灭私有制的社会主义，是当资本积累到一定程度，也就是社会生产力高度发达时期的人类社会发展阶段，从当前中国的现实国情来看，社会生产力水平较低，资本的原始积累还没有结束，总体上

---

① 赵振霞. 邓小平对毛泽东发展多种经济成分思想的继承和发展 [J]. 长白学刊，1996 (6).

仅处于社会主义的初级阶段，在这个阶段中私有制的存在适应着生产力发展的需要，所以，允许多种经济成分共存，是基于我国目前国情出发的正确选择……"这是我们党第一次对社会主义初级阶段理论进行的全面而系统地阐述，社会主义初级阶段理论的提出和确定，终结了我国"左倾"思潮，克服了关于社会主义概念片面的理解，科学定义了我国经济发展的立足点，为我国经济发展尤其是私营经济的发展奠定了坚实的理论基础。

第三，邓小平提出的"三个有利于"思想及"猫论"进一步表明了在社会初级阶段应该允许私有制存在与发展的态度。"不管白猫黑猫，逮住老鼠才是好猫。"邓小平用生动的比喻阐述了判断一种所有制形式是否可取的标准，应该在于其是否能够适应生产力、发展生产力。他还讲："关于姓'资'还是姓'社'的问题关键是要看这种所有制形式是否有利于发展社会主义社会的生产力，是否有利于增强社会主义国家的综合国力，是否有利于提高人民的生活水平。"邓小平提出的"三个有利于"思想告诉我们，只要是满足"三个有利于"条件的都可以加入所有制中，私有制也不例外。这个论断是符合中国国情与时代发展的科学理念，它批判了那种惧怕扣资本主义帽子，而不敢发展私营经济的思想与观念。

第四，邓小平提出的"一部分人先富裕起来"使先富带后富，实现共同富裕的方针也包含着鼓励多种经济成分共同发展的思想。邓小平同志不止一次地讲："贫穷不是社会主义"，"社会主义必须摆脱贫困"①也讲："勤劳致富是被提倡的，应该允许一部分人、一部分地区先富裕起来，这是一种被大家拥护的新办法，也是一种优于老办法的新办法。"② 作为一个领土辽阔的大国，受地区间资源、历史、文化、劳动者素质等多方面因素的影响，经济水平发展不均衡是正常的现象，允许一部分地区一部分人依靠自己的劳动先富裕起来，继而带领全国人民走

---

① 邓小平文选（第3卷）[M]. 北京：人民出版社，1993：223.
② 邓小平文选（第3卷）[M]. 北京：人民出版社，1993：23.

向共同富裕是符合中国国情发展的经济之路。在肯定公有制经济能够保证中国人民提高生活水平，实现共同富裕的基础上，也不能无视个体私营经济在促进经济增长、能够尽快使人民脱贫致富等方面起到的重要作用。

第五，邓小平同志在"南方讲话"中谈道："抓住时机，发展经济……可以发展就不要阻挡，有条件的就要尽快发展，做事要讲效率……搞外向型经济，也并没有什么值得担心的……"① 从谈话中我们可以总结出，针对中国当时的经济发展状况，要抓住机遇，迎接挑战。个体私营经济是我国国民经济的新增长点，是发展我国市场经济不容忽视的主力军。

前文五个方面表明，正确看待社会主义初级阶段所有制结构中的私有制成分是邓小平同志对马克思主义、毛泽东思想的继承与发展，是通过中国人民正在进行的社会实践总结而来的科学理论。

2.2　企业成长理论

2.2.1　古典经济学与新古典经济学的企业成长理论

（1）古典经济学家对于企业成长理论的探讨可以追溯到亚当·斯密的《国民财富的性质和原因的研究》，在书中他指出随着劳动专业化程度的提高，工人通过分工劳动增加劳动熟练程度，与此同时大机器生产在工厂中的应用比率也逐渐提升，这一切都会使企业能够通过更低的生产成本来获取更多的产出，于是企业便会扩大生产规模，促成企业成长。亚当·斯密的企业成长论主要是论述了如何通过劳动分工来提高劳动生产率最终实现企业成长的。

---

① 邓小平文选（第 3 卷）[M]. 北京：人民出版社，1993：375.

另外一位古典经济学家马歇尔对企业成长问题有不同观点，他认为外部经济即依赖于工业发展的一般经济和内部经济，即企业所拥有的资源与经营管理效率，两者共同决定着企业的成长。他在《经济学原理》一书中指出："任何货物总产量的增加一般会增加代表性企业的规模，因而就会增加所有的内部经济；同时，总产量的增加常会增加它所获得的外部经济，因而使它能花费在比例上比以前更少的劳动和代价来制造货物"[①]。另外，马歇尔认为企业家的能力对于企业的成长是有重要影响的，优秀的企业家善于进行组织管理、勇于冒险并肯承担风险与责任，而与之相反资质较弱的的企业管理者必然会在一定程度上抑制企业的成长，为了避免这种情况，他认为可以建立股份公司实现资本所有权与经营权的分离，如此企业"就可以保持分工以及专门技术和机械上的优势，如果再增加资本，它甚至可以增大这些优势；而在有利的情况下，它在生产工作上就可保持永久和突出的地位"[②]。马歇尔关于企业成长理论对后来的西方学者影响较深，其中一些主要观点时至今日都对企业实现可持续成长具有重要的指导意义。

（2）新古典经济学没有形成严格意义上的企业成长理论。在新古典经济学中，厂商被抽象为一个生产函数来表达投入与产出之间的关系，在技术条件和生产成本一定的条件下，厂商通过调整产量达到最优生产规模实现利润最大化，或在利润既定的条件下，通过调整产量实现成本最小化。新古典经济学把企业成长的动力引咎于对规模经济的追求，就忽视了企业本身内部管理、组织架构与制度等内生因素对企业成长的影响。

2.2.2 新制度经济学的企业成长理论

新制度经济学的企业成长理论是以企业规模边界为基点进行讨论

---

① 马歇尔著. 经济学原理（上卷）[M]. 西安：陕西人民出版社，2006：376.
② 马歇尔著. 经济学原理（上卷）[M]. 西安：陕西人民出版社，2006：374.

的，其基础是交易费用理论。科斯认为在市场交易中，除了价格机制影响交易以外，由于交易存在如搜索信息、谈判、市场摩擦、履约及监督等诸多成本，当这些成本过于高昂，那么经济主体便很难达成交易，而企业通过外部市场内部化，通过自身的资源配置就满足了节约交易成本的需要，由此可以看出科斯认为企业存在的必要性是为了对交易费用的节约。但企业内部在通过一系列行政命令手段实现资源配置的同时也会产生成本，所以企业的边界就决定于节约的交易成本与企业内部组织成本间的比较，当企业节约的交易成本等于企业内部的资源配置成本时，该点即决定了市场与企业的边界，也就是说企业在这一点上将停止扩张，企业边界也即确定下来。由此可见，科斯认为企业扩张边界即成长的动力来自于对节约交易成本的追求。

另一位新制度经济学者威廉姆森在交易费用中引入了资产专用性的概念，资产专用性能够表示一个企业对市场依赖的程度，资产专用性越高，这项交易终止的越早，那么该资产的沉没成本就越大。威廉姆森认为，生产成本、交易成本、资产专用性与规模经济间存在函数关系，且资产专用性与市场交易费用成正比，即资产专用性越高，市场交易费用就越高，在此时企业采用纵向一体化的组织形式可以将先前市场交易的部分纳入至企业内部，企业规模就会扩大。如果当资本通用时，企业通过外部交易则可以减少交易成本。威廉姆森的交易费用理论为解释企业纵向一体化提出了新的视角，但他同样认为企业成长动力来自于对交易费用的节约。

2.2.3　其他学派的企业成长理论

1. 创新派企业成长理论

熊彼特在 1912 年发表的《经济发展理论》中提出了创新的概念，即"企业家将生产要素和生产条件的一种未有过的新组合引入生产系统以获得超额利润的过程"。他认为企业是创新的主体，企业家的职能之一就是进行创新，企业创新的目的在于获取潜在的超额利润，企业的创新也是经济发展的推动力。

在他看来企业的创新能力对于企业的成长有重要的影响，如果企业停止创新，那么企业就失去了可持续成长的能力。

2. 资源基础派企业成长论

彭罗斯在 1959 年发表的《企业成长理论》中指出：企业拥有的资源决定了企业所具备的能力，并且最终决定企业的成长性。并且她认为在企业所掌握的资源中，管理资源对企业的成长具有决定性作用，因为管理资源是无法从市场中通过交易获得的。此外，彭罗斯还主张以"成长经济"替代"规模效应"，她认为企业的成长可以是规模的也可以是不规模的，企业成长主要取决于企业能否更为有效地利用自身的内部资源。同时，彭罗斯也强调了创新对于企业成长的重要性。

彭罗斯企业成长理论的确定，标志着现代企业成长理论的形成，但她的企业成长理论主要研究了企业的"内生性"因素，相对忽略了企业成长的外部环境问题。

3. 管理主义的企业成长理论

钱德勒是管理主义企业成长理论的代表人物，在其巨作《看得见的手——美国企业的管理革命》中，他详细地叙述了现代公司制取代家族式小企业的过程，并认为产生这种替代过程的根本原因在于企业内部管理这只"看得见的手"比亚当·斯密论述的市场机制这只"看不见的手"能够更为有效地促进企业的成长与发展。后来，钱德勒在他另一部著作《企业规模经济与范围经济——工业资本主义的原动力》中同样强调了企业组织制度对企业成长的重要作用。

通过钱德勒的企业成长理论可以看出，他强调了企业组织管理制度创新对企业自身成长的推动作用。

4. 基于生命周期的企业成长理论

美国管理学家查克·麦迪思博发表的《企业生命周期》一书标志着企业生命周期理论的形成，他认为企业像所有的生物一样具有生命周期，他将企业生命周期划分为成长阶段、再生与成熟阶段、老化阶段，在企业的成长前期企业的灵活性较强但控制力较弱，到成长后期企业的灵活性变弱但控制力得到了加强，当企业成长到一定阶段时企业的灵活性与控制力达到了平衡点，但在此时企业应该通过相应的创新与改革，不断注入新的活力，实现可持续成长，否则就会不可避免地走向老化阶段。

企业成长的生命周期理论探讨了企业的灵活性与自制力对企业成长的影响，但并没有说明企业成长的动力是什么。

2.3　新制度经济学理论

2.3.1　新制度经济学的理论渊源

1. 新制度经济学与新古典经济学

新制度经济学是基于对新古典经济学的批判而产生的，但是这种批判并非全盘否定，而是在它基础上进行的修正与扩展，因此新制度经济学与新古典经济学间具有千丝万缕的密切联系。

第一，新制度经济学坚持了新古典经济学完全竞争的工具性假设，坚持偏好、技术、禀赋三大结构固定不变，坚持新古典经济学个人理性主义前提下的均衡分析框架。

第二，新制度经济学将交易成本的概念引入了新古典经济学的分析框架之中。阐述了不同制度安排的经济绩效可以通过交易成本来进行比较，合理解释了不同的经济制度间存在的差异，为新古典经济学的分析框架增添了经济制度这个可以量化的维度。这一理论将主流经济学的研究拉入到更贴近现实生活的轨道之中。拓展了主流经济学的研究领域，是制度经济学经久不衰的发展源泉。

第三，新制度经济学在分析制度产生的原因与制度变迁时沿用了传统经济学中成本 – 收益的分析方法，以效率为标准对经济制度进行了局域均衡分析与比较静态分析。

总而言之，可以将新制度经济学与新古典经济学的关系概括为：新制度经济学是在新古典经济学理论的基础上，以一种修正与发展的态度，利用新古典经济学的工具模型来分析与探讨制度问题的理论。正如诺斯在接受诺贝尔经济学奖时所发表的演说中指出的那样，新制度经济学是对新古典经济学的一种修正，它保持了微观经济理论中对于稀缺性的基本假设以及由此产生的竞争机制和均衡模型分析工具的运用，它修正了完全理性人的假设并引入了时间维的概念。

2. 新制度经济学与马克思制度分析的关系

马克思也是一位出色的制度经济学家，他关于制度与经济的讨论几乎涉及了新制度经济学的每一个领域，如产权问题、制度变迁问题、技术创新与制度创新的关系等问题。

第一，在马克思的理论当中是十分注重制度分析的，他把制度当做社会经济发展过程中一种重要的内生变量，而并不是独立于社会经济范畴之外的概念。在人类社会发展过程中的阶级斗争正是由经济制度与生产技术进步之间的矛盾所衍生的，马克思强调生产方式的变化（技术变迁）与生产关系（制度变迁）之间的辩证关系，并最终揭示了生产力决定生产关系，生产关系反作用生产力的社会发展规律，给予了新制度经济学家很多启发，使他们意识到分析经济问题时将制度因素忽略不计是不可取的，在现实生活中人们的选择集合一直会被制度这种无形的框架约束着，制度可以被视为是对资源具有刚性效应的配置工具。在马克思看来，任何国家的生产都是在一定的生产关系在与其配套的制度环境下进行的，不同的制度环境会产生不同的资源配置效率，例如资本主义制度总体上是优于封建主义制度、奴隶主义制度的。

第二，将生产关系与制度的演变抽离，并在此基础上分析经济，问题正是西方传统经济学最大的问题所在，因此马克思主义的唯物史观对新制度学的形成产生了重要的影响。传统经济学的理论基本上都是静态而模糊的，尽管变得越来越数学化与正规化，但是准确性却不高。新制度经济学将制度问题、交易费用问题、产权问题、意识形态问题甚至是国家上层建筑等这些被传统经济学家忽略的因素都找寻回来，将经济学研究引入了一个更为贴近实践的轨道之中。事实上，制度为经济提供了一种监督与激励的治理机制，这种机制可以指明经济增长、停滞或衰退的变化方向。在短期的分析中或许可以将制度因素抽离，但如果要对社会经济发展进行长期而全面的分析制度将是不可或缺的因素。而这恰巧是马克思社会经济分析的先进性所在，它强调了社会生产潜力、社会结构变迁与产权结构间的矛盾。① 这对新制度经济学的形成产生了深远的影响。

2.3.2　制度的基本理论

1. 制度的内涵及特征

制度是一个内涵丰富的概念，最早在经济学引入"制度"概念的是美国制度主义派别的创始人凡勃伦，事实上他所定义的"制度"概念并不精准，他认为："制度实质上就是个人或社会对有关的某些关系或某些作用的一般思想习惯。而经济制度就是在社会的生活过程中接触到它所处的物质环境时如何继续前进的习惯方式"②

---

① 袁庆明. 制度经济学 [M]. 北京：中国发展出版社，2005：9 – 15.
② 凡勃伦. 有闲阶级论 [M]. 北京：商务印书馆，1980：139.

另一位制度主义学派创始人康芒斯的"制度"定义有一定的集体主义意味，他认为制度是约束个人行为的集体行动，而且在集体行动中，法律制度是最重要的，它不光先于经济制度存在，同时也对经济制度的演进起着决定性的作用，基本上，康芒斯是用法律的观点来解释社会经济关系。

新制度经济学标志性人物诺思认为，制度提供了人类相互影响的框架，它们构成了一个社会经济秩序合作与竞争的关系。他还把制度分成了两类：以宪法、产权制度和合同为表现形式的正式规则与以规范与习俗为表现形式的非正式规则。

青木昌彦在他的《比较制度分析》一书中从博弈论的视角给制度下了定义："制度是关于博弈如何进行的共有信念的一个自我维系系统。制度的本质凝聚在均衡博弈路径的固定与显著特征之中，这种特征会被博弈相关域中几乎所有参与者所认同并影响着他们的策略安排。所以，制度就是通过这样一种隐形刚性的姿态约束着博弈参与者的策略互动，并反之被参与者在环境不断变化下的实际决策集结而成的均衡博弈路径选择行为中不断再生产出来。"

我国学者林毅夫认为："制度是一种被社会与个人普遍遵循的一套行为规则"①。

综上所述，在关于制度的众多解释中，尽管描述各有不同但是在本质上基本能够达到一致，即：制度是一套系统的规则，它规定了人们的相互关系，约束着人们的行为。所以基于此，我们就可以把制度定义为被社会普遍认可的，调节人们利益关系、制约人们行为的一系列规则，涉及范围包括社会、政治与经济行为。

新制度经济学理论就是以制度为研究对象，否定了传统的主流经济学人无条件理性追求利润最大化、信息完全、交易费用不存在的假设条件。认为人们的经济行为总是在一定制度的约束下进行的，并且不同环

① 林毅夫. 关于制度变迁的经济学理论：诱致性变迁与强制性变迁，载，财产权利与制度变迁——产权学派与新制度学派译文集 [M]. 上海人民出版社，2003：371.

境中的不同制度安排对人们行为约束的结果也是不同的，正是由于制度与经济行为之间的这种互动关系，使得制度研究对于经济发展问题来说具有重要的理论与实践意义。

总体来说，从经济学的角度来看，制度的特征可以简单地归纳为以下几个方面：

第一，制度是一种"公共品"，作为公共品的制度的使用具有非排他性，只要在制度下进行行为活动就要受到制度的约束。但是，制度是一种特殊的"公共品"，因为它同时具有排他性，主要表现在，制度中很大一部分的产权具有专用性。

第二，制度是人与人、人与社会之间所缔结的一系列关系的集合，它对人们的经济行为构成一种无形的约束，使人们在其所构成的框架中达成人与人、人与社会的一种权利义务关系。

第三，制度是一种与资本、劳动力一样，在社会生产中必不可少的生产要素，并且从某种程度上说，制度是一种稀缺的资源。制度本身存在的非均衡性衍生了制度变迁与制度创新的需求。

第四，在新制度经济学中，制度最本质的价值体现在它的服务性上，制度被设计出来是为了获取规模经济、降低交易成本、减少风险成本与创造合作效益等服务。

2. 制度安排、制度环境与制度结构

制度环境通常是指约束行为、规范行为关系的一系列最基本的社会、政治、经济法律法规，是一个相对而言较宏观的概念。一个国家的制度环境通常是这个国家基本的制度安排，其中宪法与法律结构是其根基。

制度安排按照我国经济学者林毅夫的解释就是指约束特定范围内行为主体间关系以及其行为本身的一套规则，这套规则在一定程度上影响着各行为主体的行为效率。在新制度经济学理论里，制度安排可以被视为是制度的具体化，它可以是正式的也可以是非正式的，可以是暂时的

也可以是长期的。并且它的存在可以提供给在它所辐射范围内的行为主体，获取一些在辐射边界以外无法获取的利益。

制度结构，可以理解为制度安排的抽象化集合。通常指某一特定范围内正式与非正式制度安排的总和，这里的"某一特定范围"可能是一个国家、社会，也可能是独立的经济单位或某种活动。如根据对象的不同，可以有一个国家的制度结构、市场经济的制度结构、企业制度结构等。关于制度结构的概念有几点需要我们关注：第一，任何制度结构中的制度安排都是不完全相同的，地位有主有次，有的起主导作用，有的起辅助作用。此外，制度结构中不同制度安排的排列组合其效率也会不同。第二，制度结构不能单纯地看做是多个制度安排数量上的累积，应该在制度安排运行的过程中通过动态分析其现实效率来给予解释。而对于一个制度结构来说，其中每一个制度安排效率的实现都有赖于制度结构中其他制度安排的牵连与影响。所以，一个制度结构系统中每一个制度安排的效率都取决于其他制度安排的完善程度，也就是说，一项制度安排效率的体现绝不是独立于其他制度安排运作的结果，而是取决于制度结构中制度安排间的耦合作用，从这个角度看，任何一项制度安排都可以被视为是制度结构中其他制度安排的函数。

3. 企业制度

企业和企业制度的概念源于西方，在早期的古典经济学阶段就将企业和人一起作为基本研究对象，但西方经济学经历了古典经济学、新古典经济学以及现代经济学等阶段，虽然形成了较为完整的经济学理论体系，但却在企业制度方面一直没有形成独立的理论，直到制度经济学的出现才真正填补了这个空白。

在制度经济学之前，传统的西方经济学一直把企业制度视作给定的外生变量，把企业（厂商）抽象为投入与产出的生产函数，假定企业的内部制度安排不影响生产效率，显然这些假设都是不切实际的，直到制度经济学的产生，告诉人们使用价格机制是需要成本的，这就是交易费用，企业的存在就是为减少交易费用而对于市场的替代，当然，企业本身的指令性机制也同样需要支付成本，也就是企业的内部交易费用。

纵观西方经济学的发展轨迹，从新古典经济学认为企业及企业制度的外生给定，无须考虑其内部变化及外界影响，到新制度经济学认识到企业实际上是市场交换存在交易费用的产物，而企业制度在实际上就是人与人进行博弈达到均衡状态形成的一组契约。我们最终可以给企业制度做如下定义：企业在一定的社会、文化和经济发展背景下，由其利益相关方通过反复博弈形成的一整套规范内外关系的契约。随着时代的发展，生产力水平的提高，科学技术的进步，企业的内外环境发生变化，企业制度也在不断地进行着调整与变化。

2.3.3　制度变迁理论

1. 制度变迁的动因与制度创新

任何形式的制度形成后都不是一成不变的，制度的效率会随着人类社会的发展逐渐递减，当制度的效率降低到一定程度时，势必会发生制度的变迁。也就是说，我们可以将制度变迁看做是一种高效率制度替代低效率制度的过程。新制度经济学家借助新古典经济学供求均衡价格理论的分析框架，创建出一个分析制度变迁供求的工具模型，来解释制度变迁受哪些因素影响以及制度变迁的动力是什么等问题。

对制度供求分析模型进行比较系统而全面总结的学者是戴维·菲尼，他认为影响制度变迁的因素可以分为外生变量与内生变量，其中外生变量指制度环境，主要包括宪法秩序和规范性行为准则，总体上可以分为需求因素与供给因素两类，需求因素包括宪法秩序、技术和市场规模、相对产品和要素价格。供给因素则包括实施新安排的预期成本、规范性行为准则、制度设计的成本、宪法秩序、制度设计的成本、现存制度安排、现有的知识积累、公众的一般看法以及居于支配地位的上层强有力决策集团的预期净收益。内生变量则指制度安排及其利用程度。

有制度变迁的供求，就势必会有制度均衡的概念。通常情况下制度的均衡就是指现存的制度结构处在"帕累托最优"状态，即现存的制度结构中任何制度安排做任何改变都不能给经济行为中的任何一方带来额外收入，此时制度变迁需求者的意愿得到了充分的满足，制度变迁的供给完全适应制度变迁需求。相反，制度不均衡的状态就是指人们对现存制度的一种不满意或者不满足，这种状态通常意味着存在潜在的其他制度可以给人们带来更大的收益，此时人们就产生了对新制度的需求也就是产生了潜在的制度供给。通常情况下，当收入增加的可能性受现有的制度结构中外部性、信息交易成本、风险厌恶、规模经济等因素影响而降低时，就会产生制度变迁的萌芽，此时，为了能够使这些潜在的收入变为可能，一种新的制度安排就会应运而生。

2. 制度变迁中的主要现象

新制度经济学认为在制度变迁的过程中有三种现象值得注意：（1）连锁效应。通过前文对制度环境、制度安排与制度结构之间关系的探讨我们可知，制度并不是以独立的姿态存在来影响经济主体行为的，在既定的制度结构里，一项制度的变迁势必会导致其他制度也发生变迁。这种制度间的相互关系被称为连锁效应。（2）时滞。前文已经讨论过当制度的需求或供给发生变化时，制度就由均衡状态变成了非均衡状态，而非均衡状态就意味着存在着潜在利润诱使制度变迁变为可能。但是在现实的制度演进与变迁中，认知制度非均衡到发现潜在利润存在再到实际发生制度变迁之间，需要经历一个较长的时期和过程，这个过程就成为制度变迁中的时滞现象。制度变迁中的时滞现象会直接影响一个国家或者地区的变迁速度，使之很难在一定时期内建立起符合制度需求的制度结构，增加了其获得制度变迁潜在利润的难度，以致拖慢了经济发展的步伐，所以在制度变迁过程中如何缩短时滞，是我们需要关注的课题。（3）路径依赖。路径依赖是描述过去对现在和将来产生强大影响的术语，通常情况下人们过去的选择都会在一定程度上影响他们现在可能的选择。与物理学中"惯性"的概念相似，路径依赖是指一旦进入某一路径，无论其好坏都会对这种路径产生或多或少的依赖。路径依赖理论对面临制度转型的国家具有重要的实践指导意义，我们在选择一种路径进行改革时，不仅要看到当下制度决策的效率，还要发展得看待它的长远影响，尽可能避免积重难返的局面。

3. 制度变迁的类型

从不同的角度可以对制度变迁的类型进行不同的分类，其中将制度变迁的类型分为诱致性制度变迁与强制性制度变迁是新制度经济学中一种比较有影响力的分类方法。

（1）诱致性制度变迁。诱致性制度变迁按照我国经济学者林毅夫的解释就是指在制度失衡的状态下，由个人或一群人在响应获取由制度不均衡所衍生出的获利机会时，进行的自发性改进现行制度的行为。根据诱致性制度变迁的定义可知，其发生前提有四：第一，制度处在非均衡状态。正是由于制度非均衡衍生的潜在利润才会诱使主体发起制度变迁；第二，制度变迁的预期收入大于预期成本。在制度处于非均衡条件下，只有当制度变迁的预期收益大于预期成本时制度变迁才有可能发生；第三，制度变迁的空间是否存在。制度变迁发生与否的另外一个重要条件就是此时的外部制度环境是否留下足够的空间给新的制度安排，如果此时外部制度环境的边界不足以封围新的制度安排，那么即使满足了其他的前提条件，制度变迁也无从实现；第四，存在制度变迁主体，诱致性制度变迁的行为主体就是诺思讲到的初级行动集体，它们是诱致性制度变迁的策划者，没有它们的参与，制度变迁不会发生。并且，制度变迁的特征也在一定程度上由行为主体决定。

诱致性制度变迁具有如下特征：第一，渐进性。诱致性制度变迁的过程是一种由局部到整体、自下而上的变迁过程。从发现潜在利润到潜在利润的现实化都需要历经许多复杂的环节，是一种时间成本较高的制度替代与扩散方式；第二，自发性。诱致性制度变迁的自发性体现在它是有关群体（通常是初级行动团体）由于想要获取由制度不均衡带来的潜在利润而自发发起的行为。

（2）强制性制度变迁。强制性制度变迁是指国家通过政府法律与指令引入现实的制度变迁形式。从概念上看，强制性制度变迁与诱致性制度变迁最显著的区别就在于两者主导变迁的行为主体不同。正是由于国家作为行为主体所具有的天生的强制性，使得强制性制度变迁具有组织成本低、规模效益高的优势。

能够影响强制性制度变迁的因素有很多，其中最主要的有：意识形态、统治者的有限理性与偏好、集团利益冲突、社科知识的局限性与官僚政治等。

与诱致性制度变迁相似，强制性制度变迁也只有在统治阶级对制度变迁的预期收益大于预期成本时才会发生，并以突破制度不均带来的外在利润壁垒为目的。和诱致性制度变迁不同的是强制性制度变迁的推动力较大、制度出台时间较短、对旧制度破坏程度较高、容易产生社会震荡。

（3）诱致性制度变迁与强制性制度变迁的关系。首先，诱致性制度变迁与强制性制度变迁相互联系互为补充。对于一个国家或社会来说，规模较大的制度变迁往往以诱致性制度变迁为引导，靠强制性制度变迁推进。这是因为如果单独依靠诱致性制度变迁很难实现预期的效果，只能在现有的制度结构中进行调整，难以突破旧制度的核心障碍。但如果只依靠强制性制度变迁，由于其变迁的强制性就可能导致行为主体内部在还存在分歧就强制执行制度变迁，而带来代价大、效率低的局面。除此之外，诱致性制度变迁与强制性制度变迁相互联系互为补充的关系还体现在，由于制度本身的差异，使有些制度变迁虽然存在巨大的潜在利润，也只能由国家来组织设计执行，其他行为主体或团体没有能力作为，如法律法规。而还存在一些制度由于特定的适用范围也只能由相关主体或团体来完成，国家不宜参与。这种互补关系本质上是源于制度本身的差异，而不是由制度的成本收益比较原则决定的。

其次，诱致性制度变迁与强制性制度变迁既存在相同点又有区别。它们的相同点体现在，它们的发生都遵循着成本收益比较原则。它们的不同点体现在：一是变迁主体不同，二是利益取向的差异。诱致性制度变迁体现的是个人、团体或区域的利益趋向，追求的是实现个人或局部的利益最大化。而强制性制度变迁体现的是国家整体利益最大化的追求目标。三是优势差异。强制性制度变迁的优势体现在它的强制力上，可以使制度变迁以最短的时间和较快的速度得以推行，同时可以节省制度变迁的组织成本。而诱致性制度变迁则依据一致统一的原则，相对和谐融洽，如果可以克服外部性的问题，则是一种效率较高的变迁方式。

总之，在制度变迁与创新的过程中，要将诱致性制度变迁与强制性制度变迁结合起来，切实地发挥它们各自的优势，相互补充，相互促进，共同推进社会的进步与经济的发展。

第 3 章

中国私营企业的现实分析

中国私营企业通过改革开放 30 多年来的不断发展，在整个国民经济中起着举足轻重的作用。然而在中国私营企业抓住机遇不断成长的同时，也有许多曾经在商海叱咤风云的企业巨头，在愈加激烈的市场竞争中逐渐步入经营困境，陷入成长危机。因此，对我国私营企业的成长现状进行现实分析具有十分重要的理论与实践意义。本章将在讨论中国私营企业发展概况及其在国民经济建设中重要作用的基础上，以新制度经济学的视角切入，对我国私营企业成长过程中存在的障碍进行制度机理分析，为中国私营企业实现可持续成长提供现实的制度理论依据。

3.1 中国私营企业发展概况与其在当今国民经济建设中的作用

3.1.1 当前中国私营企业发展概况

伴随着我国经济体制改革的不断深入，中国的私营经济已经成为了我国国民经济结构中发展最快的经济成分，私营经济的主要载体——私营企业也已经逐渐成长为促进中国经济增长的主力军。

截至 2014 年底，我国私营企业的数量与规模仍旧保持增长态势，全国实有登记注册的私营企业已经达到了 1546.37 万户，同比增长了 23.3%（见图 3.1、表 3.1）。

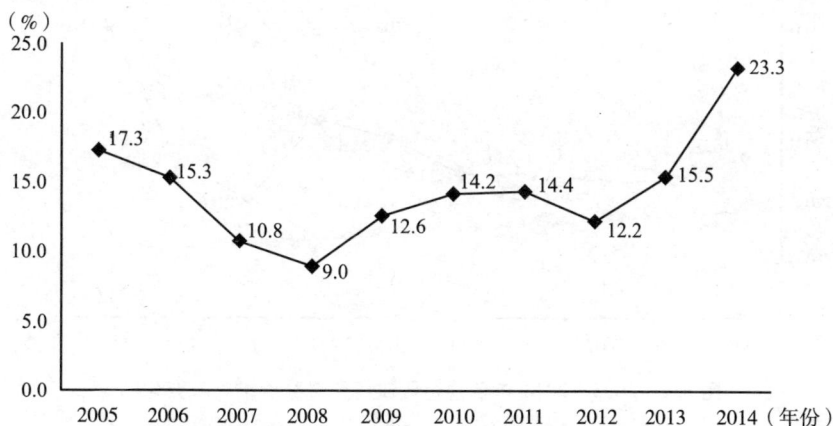

图 3.1 2005~2014 年私营企业户数增长率变化图

表 3.1 2005~2014 年私营企业户数及增长率

年份	私营企业户数（万户）	增长率（%）
2005	471.95	17.3
2006	544.14	15.3
2007	603.05	10.8
2008	657.42	9.0
2009	740.15	12.6
2010	845.52	14.2
2011	967.68	14.4
2012	1085.72	12.2
2013	1253.86	15.5
2014	1546.37	23.3

注：表中历年私营企业户数均包括分支机构数量。

资料来源：王钦敏. 中国民营经济发展报告 No.12（2014~2015）［M］. 北京：社会科学文献出版社，第 143 页整理所得.

此外，私营企业的注册资金规模也呈快速增长势头，注册资金总额达到 59.21 万亿元，户均 382.87 万元，年均增速 13.94%（见图 3.2、表 3.2）。

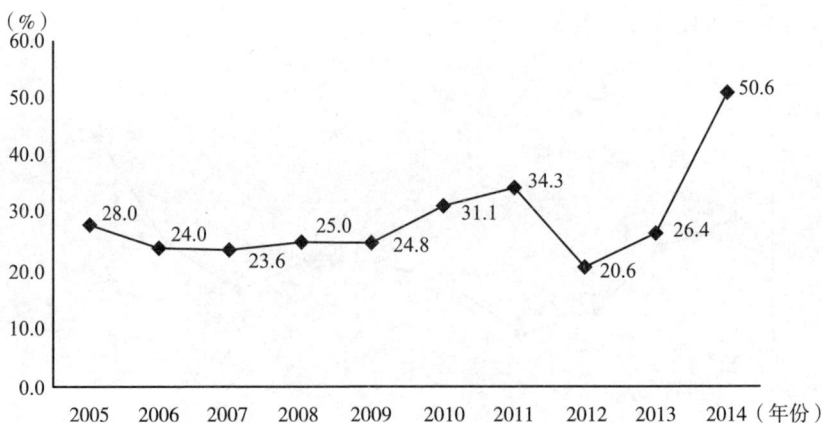

图 3.2　2005～2014 年私营企业注册资金数额增长率变化图

表 3.2　　　　　2005～2014 年私营企业注册资金数额及增长率

年份	私营企业注册资金（万亿元）	增长率（%）	户均注册资金（万元）
2005	6.13	28.0	129.9
2006	7.60	24.0	139.7
2007	9.39	23.6	155.7
2008	11.74	25.0	178.6
2009	14.65	24.8	197.8
2010	19.21	31.1	227.1
2011	25.79	34.3	266.5
2012	31.10	20.6	286.4
2013	39.31	26.4	313.5
2014	59.21	50.6	382.9

注：表中历年私营企业户数均包含分支机构数量。

资料来源：王钦敏. 中国民营经济发展报告 No.12（2014～2015）［M］. 北京：社会科学文献出版社，第 143 页整理所得.

从目前私营企业发展的概况来看，我国企业总数的 90% 以上是私营企业，国内生产总值的 60% 以上也由私营企业和个体工商户所贡献。以私营企业为主要单位构成的私营经济，正以极具活力的姿态与国有经济一起，共同支撑和推进着中国国民经济的快速发展。

3.1.2　中国私营企业在当今国民经济建设中的作用

1. 私营企业投资的增长改变了我国投资主体单一的格局

早在 2011 年，国家内资民营企业经济城镇固定资产投资共完成了17.6 万亿元，同比增长 42.3%，占比达到 58.2%，较 2010 年底大幅度提升了 7.1 个百分点，其中私营企业完成量占比达到总比的 23.8%，共计 7.2 万亿元，同比增长了 32.9%。（见图 3.3、表 3.3）

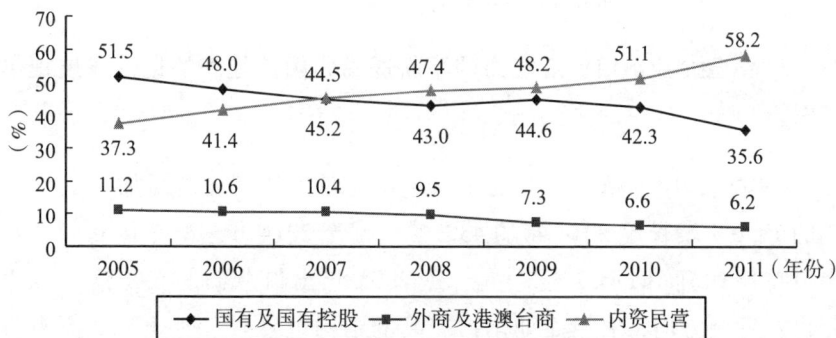

图 3.3　2005 ~ 2011 年国有、外资、内资民营企业城镇固定资产投资比重变化图

表 3.3　　　2005 ~ 2011 年经济类型城镇固定资产投资变化情况

指标 ＼ 年份	2005	2006	2007	2008	2009	2010	2011
投资总额（亿元）	75095	93369	117465	148738	194139	241415	301932.8
国有及国有控股	38678	44828	52229	63998	86536	102130	107485.8

年份 指标	2005	2006	2007	2008	2009	2010	2011
外商及港澳台商	8424	9925	12193	14179	14111	15833	18798.1
内资民营	27933	38620	53043	70561	93492	123452	175648.9
构成（%）	100	100	100	100	100	100	100
国有及国有控股	51.5	48.0	44.5	43.0	44.6	42.3	35.6
外商及港澳台商	11.2	10.6	10.4	9.5	7.3	6.6	6.2
内资民营	37.3	41.4	45.2	47.4	48.2	51.1	58.2

注：内资民营投资总量 = 全社会城镇固定资产投资 – 国有及国有控股企业投资 – 外资及港澳台商企业投资。

资料来源：黄孟复. 中国民营经济发展报告 No.9（2012）［M］. 北京：社会科学文献出版社，2012，4.

私营经济的发展带动了我国的民间投资力量不断增强，从而使得以往以政府为主的投资模式已经被现今以民间投资为主的投资格局所替代，有力地拉动了国民经济的增长。

2. 私营企业出口创汇能力的不断提高为国民经济的良性发展提供了保障

一方面，中国私营企业的出口量占总量的比率显著增加，从 2005 年的 19.6% 增长至 2014 年的 43.1%。截至 2014 年末，全国私营企业出口总额达到 10115.2 亿美元，是 2005 年出口总额的 6.8 倍（见表 3.4）；另一方面，私营企业出口产品的结构也发生了变化，从原来占有优势的传统劳动密集型商品转变为现在的机电、家电等高新技术产品；再者，从出口产品企业的地区分布来看，在中部地区增速不减的基础上，西部地区与东北地区的私营企业也逐渐加入了当地出口的主力军阵营。

私营企业出口量高速稳定的增长，抑制了我国总体出口增速下滑的趋势，在一定程度上缓解了出口因素对经济增长的负面影响。

表 3.4　　　　　　　2005～2014 年各类企业出口情况　　　　单位：亿美元、%

年份	总值	同比增长	国有企业			外资企业			私营企业		
			金额	比重	同比增长	金额	比重	同比增长	金额	比重	同比增长
2005	7620.0	—	1688.1	22.2	—	4442.1	58.3	—	1489.8	19.6	—
2006	9690.7	27.2	1913.4	19.7	13.3	5638.3	58.2	26.9	2139.0	22.1	43.6
2007	12180.1	25.7	2248.1	18.5	17.5	6955.2	57.1	23.4	2976.8	24.4	39.2
2008	14285.5	17.3	2572.3	18.0	14.4	7906.2	55.3	13.7	3807.0	26.6	27.9
2009	12016.6	-15.9	1909.9	15.9	-25.8	6722.3	55.9	-15.0	3384.4	28.2	-11.1
2010	15779.4	31.3	2343.6	14.9	22.7	8623.1	54.6	28.3	4812.7	30.5	42.2
2011	18986.0	20.3	2672.2	14.1	14.0	9953.3	52.4	15.4	6352.9	31.4	32.0
2012	20743.3	9.2	2772.5	13.4	3.7	10117.6	48.8	1.7	7853.2	33.7	23.6
2013	22153.5	6.8	2556.9	11.5	-7.7	10434.3	47.1	3.1	9162.3	41.4	16.7
2014	23427.4	5.8	2564.9	10.9	3.1	10747.3	45.9	3.0	10115.2	43.1	10.4

资料来源：王钦敏. 中国民营经济发展报告 No.12（2014～2015）［M］. 北京：社会科学文献出版社，150；黄孟复. 中国民营经济发展报告 No.9（2012）［M］. 北京：社会科学文献出版社，第 5 页整理所得.

3. 私营企业结构的不断优化促进了我国国民经济结构的升级与转型

私营企业是加快战略性调整经济发展方式与经济结构的行为主体，没有占全国企业总数 90% 以上的私营企业在结构与发展模式上的优化与调整，也就不存在整个国家经济结构与发展方式的转变。

首先，私营企业在产业布局上的合理化，优化了我国经济的产业结构。近几年我国从事第三产业的私营企业注册资金与户数的增加速度明显提高，截至 2014 年底，从事第三产业的私营企业注册资金已经达到 42.21 万亿元，户数已达到 1126.44 万户，分别占了私营企业总注册资金额与总户数的 71.30% 与 72.84%，同比增长了 57.35% 与 26%。虽然这些第三产业企业大多数属于服务类企业，与工业类企业相比固定资产较少，但近几年注册资金却一直呈现上升势头，展现出了极强的生命力与发展潜力（见表3.5、表3.6、图3.4、图3.5）。从行业分类上看，从事批发和零售业的私营企业最多，占第三产业私营企业总户数的一半以上。除此之外，租赁和商业服务、地质勘查、技术服务、科学研究、金融业等技术含量较高的现代化服务业的私营企业数量也进一步增多，已经逐渐成为第三产业私营企业中重要的组成部分。从事文化、体育、娱乐业的私营企业发展势头强劲。总而言之，我国的私营企业正在积极地进行结构调整，这无疑会带动我国整个国民经济不断向科技含量高、核心竞争力强与绿色节能环保的产业升级与转型。

表 3.5　　　　　　　2014 年私营企业三次产业户数分布表　　　单位：万户、%

	户数	增长率	所占比重
第一产业	53.55	35.33	3.46
第二产业	366.38	14.38	23.69
第三产业	1126.44	26.00	72.84
总计	1546.37	23.33	100

资料来源：王钦敏. 中国民营经济发展报告 No.12（2014~2015）［M］. 北京：社会科学文献出版社，143~144.

表 3.6　　　　　　　2014 年私营企业三次产业注册资金分布表　　　单位：万亿元、%

	注册资金	增长率	所占比重
第一产业	1.44	58.37	2.43
第二产业	15.56	37.72	26.27
第三产业	42.21	57.35	71.30
总计	59.21	50.62	100

资料来源：王钦敏. 中国民营经济发展报告 No.12（2014~2015）［M］. 北京：社会科学文献出版社，2016：142~144.

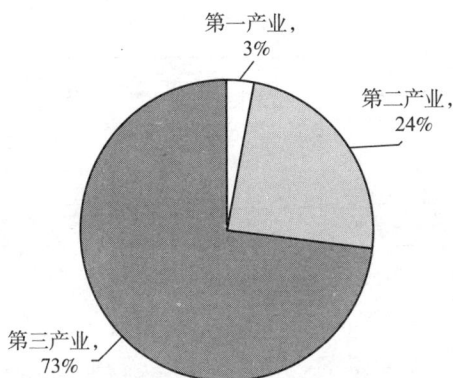

图3.4　2014年私营企业三次产业户数分布图

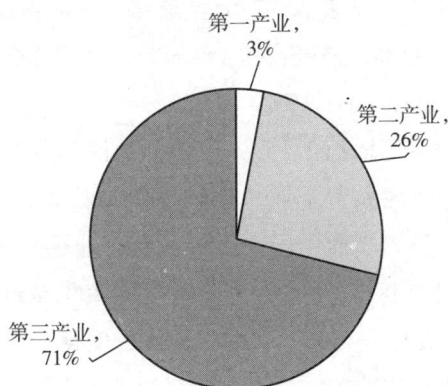

图3.5　2014年私营企业三次产业注册资金分布图

表3.7　2014年第三产业部分行业户数、从业人数、注册资金情况表

行业　　　　指标	户数 （万户）	户数增长 率（%）	从业人数 （万人）	从业人数 增长率 （%）	注册资本 （万亿元）	注册资本 增长率 （%）
农、林、牧、渔业	58.16	34.98	—	—	1.59	60.17
批发和零售业	568.72	24.10	4152.81	18.94	12.24	50.37
租赁和商务服务业	187.49	33.30	1456.02	27.03	12.02	73.95
科学研究、技术服务和 地质勘查业	100.20	30.20	755.67	25.11	2.87	47.94

指标 行业	户数 （万户）	户数增长率（%）	从业人数（万人）	从业人数增长率（%）	注册资本（万亿元）	注册资本增长率（%）
教育	2.36	35.84	—	—	0.04	70.57
文化、体育和娱乐业	23.29	35.82	—	—	0.44	90.27

　　资料来源：王钦敏. 中国民营经济发展报告 No. 12（2014～2015）［M］. 北京：社会科学文献出版社，2016：144.

　　其次，我国的区域经济结构通过私营企业地区分布的日益优化而逐渐合理。目前，按照地区分布来看私营企业户数与注册资金占比情况，全国从高到低的排序（见表3.8）为：东部，户数占比63.54%，注册资金占比63.3%；西部，户数占比15.69%，注册资金占比16.1%；中部，户数占比20.77%，注册资金占比15.4%。到2014年底，东部地区私营企业户数较上年增长21.59%，中部地区私营企业户数较上年增长25.71%，西部地区私营企业户数较上年增长27.49%。通过表3.8的数据显示可知，虽然当前中国大部分私营企业仍然集中在东部地区，但中部地区与西部地区私营企业增长速度均快于东部（见表3.8、图3.6、图3.7）。从省份分布来看，中部地区的安徽、湖北、河南和西部地区的广西、重庆、内蒙古、青海等地，近三年来私营企业的发展速度显著快于全国平均水平。[①] 尤其是在西部大开发、振兴东北老工业基地与中部地区崛起等国家区域经济发展战略的推进过程中，一些私营企发现了新的利润增长点，把握住了机会，积极参与其中并取得了成绩，一方面改善了我国经济结构的布局，协调了区域间经济的发展；另一方面又有力地促进了我国国民经济的增长。

---

　　① 王钦敏. 中国民营经济发展报告 No. 12（2014～2015）［M］. 北京：中华工商联合出版社，2016：145.

表3.8　　　　　　　　　2014年私营企业地区分布　　　　　　单位：万户、%

地区	户数	增长率	户数占比
东部地区	982.50	21.59	63.54
中部地区	321.25	25.71	20.77
西部地区	242.62	27.49	15.69

资料来源：王钦敏. 中国民营经济发展报告 No.12（2014~2015）［M］. 北京：社会科学文献出版社，2016：144.

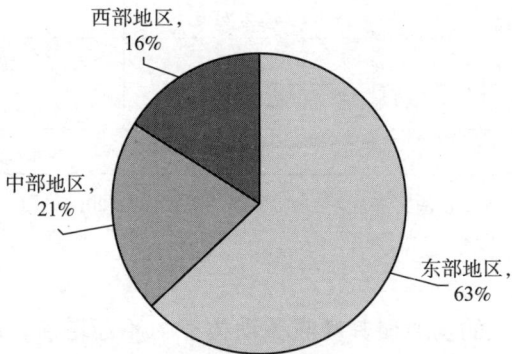

图3.6　2014年私营企业地区户数分布图

再次，私营企业在农村发展速度进一步加快，推进了我国城乡一体化进程。截至2014年末，我国城镇私营企业达1128.93万户（见表3.9），与上年相比增加了25.54%，注册资本达46.28万亿元，较上年增加56.56%，吸引投资者2229.94万人，比上年同期增长了22.07%。农村私营企业417.44万户，较上年相比增长了17.22%，注册资本达12.93万亿元，增长了32.62%，吸引投资者733.14万人，比上年同期增加了32.62%。从数据上看，虽然农村私营企业户数与注册资本相较于城镇而言较低，但是农村引资能力增强的趋势愈加明显，这就说明当前有更多的投资者愿意将资本投入农村，这为中国优化城乡结构、缩小城乡收入差距、提高整体国民收入水平都起到了良好的助推作用。

表 3.9　　　　　　　**2014 年私营企业城乡分布表**

	城镇	农村
户数（万户）	1128.93	417.44
户数增长率（%）	25.54	17.72
户数全国占比（%）	73.01	26.99
注册资本数（亿元）	46.28	12.93
注册资本增长率（%）	56.56	32.62
投资者人数（万人）	2229.94	733.14
投资者增长率（%）	22.07	111.26
雇工人数（万人）	7627.41	3799.91
雇工人数增长率（%）	18.89	4.96

资料来源：王钦敏. 中国民营经济发展报告 No.12（2014~2015）［M］. 北京：社会科学文献出版社，2016：145.

4. 私营企业的发展使其吸收劳动力能力不断增加，缓解了社会的就业压力

就业是民生之本，是保证社会经济稳定发展的重要因素。私营企业在发展的过程中持续创造就业岗位，大量地吸收了新增劳动力，其中不仅包括从农村转移的剩余劳动力、城镇待业人员与应届高校毕业生，同时也包括一部分国企与公务员机构改革的分流人员。私营企业的不断发展缓解了城乡就业的压力，为我国经济的转型创造了良好的环境。截至2014 年末，我国私营企业从业人员总数达到 14390.4 万人，同比上年增加了 1868.8 万人，增长率达 15.2%（见表 3.10）。私营企业已经成为国家吸纳社会就业、增加居民工资性收入与不断提高人民生活水平的主要力量。

表 3.10　　　　2007～2014 年全国私营企业就业基本情况　　单位：万人、%

年份	私营企业	
	绝对值（万人）	增长率（%）
2007	7253.1	10.1
2008	7904.0	9.0
2009	8607.0	8.9
2010	9407.6	9.3
2011	10353.6	10.0
2012	11296.1	9.1
2013	12521.6	10.8
2014	14390.4	15.2

资料来源：黄孟复．中国民营经济发展报告 No.9（2012）［M］.北京：社会科学文献出版社，2013：13；王钦敏．中国民营经济发展报告 No.12（2014～2015）［M］.北京：社会科学文献出版社，2016：第 142～143 页整理所得．

5. 私营企业的发展保证了国家税收，为国家财政收入提供了重要来源

私营企业的不断发展增加了国家财政收入，2011 年以来，尽管我国受到国际金融危机的影响，私营经济增长速度变缓，影响了私营企业的税收状况，但是私营企业税收收入在全部税收收入中的地位并没有下降，私营企业已经成为了我国税收中不可或缺的重要组成部分。2014年，我国私营企业税收收入增长 5.3%，其中，企业所得税增长了 30.8%，是增长最快的税种；国内增值税增长 17.2%；消费税增长 9.5%；营业税增长 24.5%（见表 3.11、表 3.12）。

表 3.11　　　　2010～2014 年私营经济税收收入情况　　单位：亿元、%

年份	税收收入	增加额	增长率
2010	11149.04	2111.66	23.4
2011	14763.57	3614.53	32.4
2012	16164.36	1400.79	9.5

续表

年份	税收收入	增加额	增长率
2013	18168. 90	2004. 54	12. 4
2014	19133. 62	964. 72	5. 3

资料来源：王钦敏. 中国民营经济发展报告 No. 12（2014～2015）[M]. 北京：社会科学文献出版社，2016：第 196 页整理所得.

表 3. 12　　　　　　2014 年私营企业主要税种收入状况表　　　单位：亿元

税种	税收收入	国内增值税	国内消费税	营业税	企业所得税	其他
2013 年收入	11610. 39	4825. 68	36. 49	2105. 34	1947. 63	2695. 25
2014 年收入	12486. 87	5116. 31	42. 26	2191. 88	2083. 14	3053. 28
占比	100	41. 0	0. 3	17. 6	16. 7	24. 5
同比增加	876. 48	290. 63	5. 77	86. 54	135. 51	358. 03
同比增长（%）	7. 5	6. 0	15. 8	4. 1	7. 0	13. 3

资料来源：国家税务总局收入规划核算司.《税收月度快报》2014 年 12 月。

　　私营企业的发展为国家增添了可观的财政收入，这不仅为社会的公共建设提供了丰富的物质保证，同时又为政府积极推进各项改革措施奠定了物质基础。

6. 私营企业对于改善民生、促进社会和谐稳定发展做出了重要贡献

　　我国大部分私营企业在社会主义精神文明与物质文明的双重建设中都能够自觉履行社会责任、积极参加社会公益事业，将企业的成长与国家的建设结合起来。在 2011 年，由商务部发起的"光彩事业新疆行"活动中，共有 13. 2 万家企业参与，资助了近 30. 6 万人，资助金额总计 72. 5 亿元，惠民项目到位资金共 90 亿元，其中以万达为代表的多家大型私营企业还与新疆相关企业签订了多个投资项目，总投资额达到 1200 多亿元。① 此外，在日常的经营活动中，我国的私营企业基本上都

---

① 黄孟复. 中国民营经济发展报告 No. 9 [M]. 北京：社会科学文献出版社，2012：13.

能够将严格管理与人文关怀有机结合起来，通过构建科学的薪酬增长机制等制度创新加强对劳动安全的保护，自觉地维护员工合法权益并合理处理员工诉求，以企业内部的和谐去促进整个社会的和谐发展，为建立具有中国特色的社会主义和谐社会作出了巨大的贡献。

3.2　当前私营企业成长障碍的制度机理分析

3.2.1　中国私营企业成长困囹

通过 3.1 节的探讨可以得出结论，我国的私营企业通过 30 多年的发展，在现今的国民经济建设中占据了不可或缺的地位，起到了举足轻重的作用。然而近些年，在看到私营企业成长的同时我们也看到了很大一部分企业所呈现出来的钝化甚至于灭亡的状态，具体表现为：

第一，中国私营企业的寿命偏短。与发达资本主义国家的企业不同，我国的私营企业寿命普遍不长，据 2003 年经理世界年会提供的数据，中国私营企业平均寿命为 8 年，中小企业平均寿命仅有 2.9 年，有报告指出 50% 以上的中国私营企业的寿命不超过 5 年。中国很多的企业都曾经以令人叹为观止的速度崛起，但在经历短暂的三五年繁华之后便又很快衰亡。

第二，中国私营企业规模扩展难。我国私营企业的规模一般发展到亿元时，就很难再扩大，虽然国内华人也不乏亿万级富翁，但其企业的海外扩展能力却相对较弱，很少能够建立起有实力的跨国公司，在世界 500 强的企业中，中国私营企业的数量占比单薄。

第三，中国私营企业"倒 U 曲线"现象明显。"倒 U 曲线"在经济学中又被称为"库兹涅茨曲线"，具体是指当企业在原始创业阶段和原始资本积累阶段，其规模与业绩呈现的是正常上升的趋势，但当企业成长到一定规模边界时，就会沿着一条停滞、衰退甚至灭亡的轨迹发展。

前述几种现象无疑提出了值得我们思考的问题，在中国如今这个正在经历蜕变的时代，作为市场经济中最活跃的主体——私营企业，应该如何寻求突破、寻求变革，不断创新、发展，持续的保持着企业的竞争优势，实现可持续性的成长。

3.2.2 私营企业可持续成长的关键因素——符合制度逻辑的制度设计

在传统的主流经济学理论中，始终坚持完全理性人、完全信息、交易成本为零的假设，使得企业只需要按照边际收益等于边际成本的原则来配置资金、人力、技术等资源，无须考虑其他，然而，在现实的经济生活中企业的成长并非如传统经济学理论勾勒的如此简单：仅依靠技术支撑与技术创新即可。正是由于这种理论与现实的脱轨，使主流的经济学观点无法真正有效地描述企业的运营过程。面对主流经济学理论的致命缺陷，新制度经济学者将搜寻客户信息、进行企业间的合作、企业内部管理等变量纳入到企业成长发展的研究模型中，力图使经济学研究立足于一个更为现实的条件之下。

笔者认为，企业是一种非一元动态发展的经济组织形式，而现代企业制度也是一个相对动态发展着的概念，从企业制度本身看，不同外部制度环境和不同成长阶段下企业所需的生产要素的特征不同，企业既定规模边界和最优制度选择也就会相应不同；而从企业成长的外部制度环境来看，私营企业的制度安排是私营企业在市场中运行的结果，政府运用着公共权力对市场进行着宏观调控，因此，与企业成长阶段相适应的制度设计运行的外部环境就需要政府通过一系列的制度安排来规范调整，以期实现企业制度安排的效率最大化。

综前所述，中国私营企业成长的关键不单纯取决于其是否具有所谓先进的公司架构，或者单纯取决于其生存的市场体制的价格自由化程度高低等因素，而是取决于决定企业成长的制度结构（包括企业制度安排与企业外部的制度环境）是否与企业成长现实相适应，以及企业与政府现执行的制度集合是否与企业所处的内外部环境相容，这就是私营企业能否实现可持续成长的制度逻辑。

3.2.3 当前中国私营企业成长的外部制度环境障碍

外部制度环境是指影响私营企业发展的所有外部制度因素的总和，这些因素基本上由国家力量和市场力量共同支配。从目前来看，虽然中国私营企业的整体发展势头强劲，但事实上其成长的外部环境却并不宽松（见表3.13）。据2016年世界银行发布的《企业经营环境报告：测评监管质量与效率》显示，在189个国家或地区当中，中国大陆在企业经营环境宽松度方面排在第84位，处于中下游水平。①

表3.13　　　　　　　　中小企业对经济环境的评价　　　　　　　　单位：%

区域	法制环境			资金环境			市场环境			信用环境			社会环境		
	好	一般	差	好	一般	差	好	一般	差	好	一般	差	好	一般	差
北京	25	65	10	6	60	34	6	57	37	12	26	32	12	71	17
广东	45	37	18	25	44	31	29	54	17	36	32	32	31	54	15
江苏、浙江	39	50	11	26	53	21	19	64	17	25	45	30	20	64	16
辽宁、湖北	38	45	17	14	35	43	32	48	20	28	34	38	30	49	21
云南	21	54	25	13	44	51	25	52	23	18	35	47	18	59	23
总体	30	57	13	12	51	37	16	55	29	18	47	35	18	64	18

资料来源：世界银行企业经营环境报告《测评监管质量与效率》.

---

① 世界银行. 企业经营环境报告：测评监管质量与效率［EB/OL］. 2016 - 7 - 12. 世界银行公开数据：http://data. worldbank. org/data-catalog/doing-business-database.

具体说来，中国私营企业在成长中面临的外部制度环境约束主要体现在国家政策、国家体制和法制因素、金融融资以及政府服务行为等方面。

1. 国家宏观政策方面

（1）市场准入问题：垄断限制。我国 2005 年颁布的《国务院关于鼓励支持和引导个体私营等非公有制经济发展的若干意见》也称"非公经济 36 条"中第一部分就是关于"市场准入"的，文件表示允许非公资本进入垄断领域、金融领域、公共事业与基础设施建设领域、社会事业领域、国防科技工业领域等，同时还鼓励非公资本积极参与国有企业重组。2011 年 5 月国务院在"非公经济 36 条"的基础上又发布了《关于鼓励和引导民间投资健康发展的若干意见》，简称"民间投资 36 条"，进一步放宽了民间资本的准入领域，内容具体到国防科技工业、市政公用事业、交通电信能源基础设施等六大领域 16 个方面。以上这些政策的颁布无疑是对我国私营企业和民间投资的巨大鼓励，但据了解，从"非公经济 36 条"到"民间投资 36 条"，这些政策在出台以后，有关于公平、准入等原则的落实由于各种原因仍存在着种种困难，我国的行业垄断现象仍然严重。虽然我国的垄断行业确实对国民经济增长作出了重要的贡献，但诚如许多经济领域研究所论证的那样，垄断行业之所以能够获得巨额利润主要原因在于其拥有的特权而不在于科学技术或制度等经济意义上效率的提高，相反，垄断行业的存在反而会导致资源配置效率低下、人民收入分配不公等负面影响的产生。我国经济学家谢地在一项研究中指出，在我国，电信产业劳动率还不到韩国的 1/4，但宽带资费水平却是韩国的 124 倍。正是由于这些行业的垄断性，使其能够轻易地获取高额利润，因此通常情况下在这些领域工作的职工薪资水平都比其他行业的员工要高出许多，这些行业从业人员的高薪已经引起了民众的关注与不满，发展成为社会不公的一个突出问题。① 因此打破垄断是目前我国体制转型的迫切需要，而打破垄断最主要的方法就是引入竞争、开放市场、消除限制，然而早在 2002 年的数据表明，在我国国有企业准入的 80 多个领域中，外企可以进入的有 60 多个，占 75% 左右，私企却只可以进入 40 个领域，不到 50%。② 尽管在 2005 年颁布的"非公经济 36 条"与 2011 年颁布的"民间投资 36 条"之后这种情况得到了一定程度上的改善，但据全国工商联的调查发现，仍有超过半数的企业家认为垄断行业改革迟缓，一些束缚私营企业手脚的部门规章制度仍然发挥着作用，私营企业与国有企业、外资企业相比在市场准入方面仍然还存在着一定程度的差异，面对这种局面社会上称之为私营经济市场准入的"玻璃门"现象，所谓"玻璃门"就是指自"非公经济 36 条"与"民间投资 36 条"公布后，在理论上行业准入的大门是被打开了，但是中间还隔着一层"玻璃门"，其具体表现在：首先，仍然存在一些由政府部门及其相关单位垄断的，私营企业无法进入或者无法充分进入的行业，例如公路建设、石油化工等；其次，还存在一些行业如大型机械制造业、信息通讯业等，私营企业进入的标准与国有企业和外资企业相比条件苛刻，审核环节繁多，虽然在理论上是开放了市场，但在现实中这些行业对私营企业来说仍是望尘莫及。

　　造成这种"玻璃门"现象的原因主要有：第一，垄断经济的存在。其中包括两个方面：一个方面是由于行业垄断，使得垄断企业本身不愿放弃垄断利润，驱使它们会以本行业情况特殊为借口无视国家发改委的文件，对非公资本的介入进行不同程度的阻挠；另一方面是由于地方封锁，从本质来讲，地方封锁也是一种利益垄断，只不过与行业垄断的表现形式不同。一部分的地方垄断是因为担心外来的非公经济占领本地市场，影响地方财政收入与就业状况；还有一部分是因为担心本地私营企

---

　　① 王强. 中国民营企业经济运行报告（2012）［M］. 北京：中国经济出版社，2013：290 - 291.

　　② 田纪云. 放手发展民营经济走富民强国之路［N］. 人民日报，2002 - 03 - 19：5.

业受到外来资本的影响，进而影响到本地的 GDP 增长。第二，对私营企业进入一些行业存在疑虑。有些人认为一些关乎国家命脉、保密性强的行业，不宜向私营企业开放。第三，国内的私营企业规模较小，资金不足，企业制度结构不规范，如果让民间资本入注某些领域，同国有企业联合，会增加经营风险，损害国有资本；此外，私营企业技术水平较低，技术质量无法达到行业要求标准。

（2）税费负担：难以承受之重。近年来国家逐渐意识到税费负担对于私营企业来讲相对较重，也先后出台了一些政策制度用以改善，但大体来说改善效果不明显，一些不规范收费现象仍然存在。我国私营企业不合理的税费负担主要体现在：

其一，我国对私营企业征税标准不合理，存在重复征收与征收标准不统一的现象。还有一些税收优惠政策变相地将私营企业排除在外，使其与国有企业和外资企业相比几乎不存在优惠力度。例如，我国个人独资企业在按照《企业所得税暂行条例》规定以 33% 税率缴纳企业所得税的基础上，企业投资人还要依据《个人所得税法》从企业收益中抽取 20% 缴纳个人所得税，这种税款的重复征收行为，一方面增加了个人独资企业的负担，另一方面也伤害了民间投资的积极性。再如，我国一些发展较理想的中小私营企业，当成长到一定规模时想要利用未分配利润增资就要被视为分红而缴纳个人所得税，有限责任公司的股东权益转增资本金时也要缴纳个人所得税。但对外资企业来说，获利转增资本或另行投资都不需要缴纳个人所得税，相反还可以获得按投资额 40% 返还的所得税优惠待遇。这种征税标准不统一且优惠标准倾斜于外资企业同时发生的现象阻碍了私营企业的可持续性成长，不利于企业的发展。

其二，缴费项目较多。据粗略统计，目前面向中国中小企业征收行政性收费的部门有 18 个，收费项目高达 69 个大类。如山东滕州市公布的收费项目共有 1300 项，多数面向的都是私营企业。[1]

---

① 黄孟复. 中国民营经济发展报告 No.9 [M]. 北京：社会科学文献出版社，2012：15.

其三，现行税制的缺陷也加重了我国私营企业的税费负担。1994年新税制的推出，我国一直采用的是生产型增值税，对投资品中所含的增值税不允许扣除，这在一定程度上使其扣除范围变小，税基高，不利于私营企业的发展。

其四，社保负担较重。依照法律为员工缴纳社保是每一个企业应尽的责任，但就当前中国私营企业（尤其是中小企业）所承担的社保来看，数额明显偏高于企业发展水平，也就是说企业所缴社保费用占比利润偏高，使企业负担较重。如在北京，"五险"占工资比的44%，其中单位缴纳部分为32.8% ~ 43.3%。北京某餐饮企业在"两险"改"五险"后，企业为员工缴纳社保费用占流水金额比例增长了近8%①，增加了企业运营成本，在一定程度上制约了企业的进一步成长。

总而言之，在私营企业的生产经营过程中，它们平均要上缴约50种税，应对二十几个政府部门，在这些税费当中有相当一部分是不尽合理的各种项目收费，严重影响了私营企业的可持续健康成长。

2. 国家体制与法制因素方面

（1）政府引导：力度微弱。与经济体制改革相比，我国的行政体制改革相对滞后，这无疑对我国私营企业的成长产生了极为不利的影响。在我国，政府对私营企业提供法律咨询、技术信息方面的服务几乎没有。就以产业投资指导为例，国家偏重的是国有企业和外资企业，对私营企业的产业投资指导较少，从而在投资项目的选取与生产经营的方向上，都仅依靠企业自身经营管理者，遵循趋利动机自发性发展，这样一来，这种带着盲目性与投机性的投资必然会增加私营企业投资失败的几率，降低了民间资本的投资效率。

（2）法律法规：尚不健全。我国已经制定了一些与私营企业相关的法律法规，保护与规范私营企业的法律框架也已经初步形成。但是，

---

① 黄孟复. 中国民营经济发展报告 No. 9 ［M］. 北京：社会科学文献出版社，2012：15 - 16.

由于中国特殊的历史原因与意识形态的影响，使私营经济成分经历了从体制外到体制内的洗礼，所以总体上，国家制定的关于私营企业的法律法规也都似有似无的围绕着一个基调：鼓励发展与必要的限制并存，并且在此基础上对私营企业法律的确认与保护也都带有相对的滞后性。对于发展蒸蒸日上、系统繁杂的私营经济领域而言，目前我国的法律法规所调整的关系，无论在广度上还是在深度上都远远不够。实际上关于这个问题归根结底，就在于中国法律对私有财产的产权保护不完善，在现有的宪法和民法当中对私有财产产权的含义和范围并没有明确的定义。对私吞国有企业资产者国家会予以贪污罪治罪，情节严重可处以死刑，而在私营企业中，私吞企业财产却只能按职务侵占罪或者挪用资金罪判处有期徒刑，可见，宪法对于私有财产的保护没有禁止性的条款，明显不如共有财产。另外，根据《中外合资经营企业法》与《外资企业法》的相关规定，在一般情况下国家对于合营及外资企业不应予国有化及征收，如遇特殊情况需要收缴则要根据社会公共利益的需要，按照法律程序实行征收，并给予相应补偿。而对于私营企业经济组织及个人财产是否实行国有化征收、征收是否可获相应补偿都在法律中没有明确条文规定，这无疑会使民众对私营企业产生一种无法预期的感觉，潜在地抑制了私营企业发展的动力。

总之，我国宪法对私有产权的法律保护留有很多空白，对受保护产权种类的确定尚待完善，对受法律保护的主体范围也有待商榷。正是因为我国宪法对私有财产保护的力度不够，使得私营企业在成长过程中都不同程度地遭遇到来自外部制度环境的法律约束，具体体现在：第一，由于法律制定缺乏空间严密性，使有关部门易打法律"擦边球"，没有从真正意义上保证私营企业权益。与发达资本主义国家同类法律相比，中国的民商法中出现"由国务院确定"、"由国务院另行规定"、"必须经×××主管部门批准"等字样的条款不在少数，这一方面会为一些政府部门利用行政权力干涉私营企业发展、实行不平等待遇预留可操作空间；另一方面也会为有关职能部门利用权限对经济事务进行干预埋下了隐患。第二，行政制约执法行为的现象严重。在现实执行经济法律的过程中，当地的相关政策与指令往往或多或少会影响执法行为偏离相应法律法规的轨道。尤其是以运动方式落实法律法规的场合，有关政府部门的政策或者当地政府的法令甚至比法律的约束效力更大。此外，由于受到传统意识形态的影响，地方政府一些职能部门在执法过程中往往会秉持宽容态度对待国有企业，而对私营企业则趋于严治，所以在现实中私营企业面对的执法环境相较而言要苛刻得多。第三，各项法律法规不协调，基本法与特别法之间存在不相照应的情况。例如在我国 1992 年颁布的《股份有限公司规范意见》与 1993 年颁布的《股票发行与交易管理暂行条例》中均指出任何自然人所持股份不得超过公司总股份的千分之五，但是在 1994 年开始实施的《公司法》与 1999 年开始实施的《证券法》中却均未涉及以上内容，可由于上述规定并没有被宣布废止，所以这些对私营股份公司的设立以及股份流通来说并不有利的条款仍然在现实中被执行。

综上所述，我国现有的法律法规对私营企业发展的有效覆盖不足，司法服务力度也不尽如人意。我国政府应当适时出台一部真正意义上的、专门针对私营企业权利责任和交易行为的科学系统的法律规定，为私营企业健康可持续成长保驾护航。

3. 金融融资方面

无论是国有企业还是私营企业，在成长的过程中都离不开金融方面的支持。但我国目前的金融环境并没有为私营企业的成长灌溉出肥沃的土地。

首先，总体上我国金融领域的发展滞后于私营经济的发展。从目前来看我国国有大型银行在解决私营企业融资难（特别是一些中小企业）问题时有一些力不从心。自 2010 年起，央行存款准备金率始终保持历史较高水平，由其导致的信贷规模缩减对中小企业的影响很大。据银监会统计数据表明，我国银行对大企业的贷款覆盖率为 100%，中型企业为90%，小型企业仅为20%，微型企业几乎没有。① 尽管各大国有银行针对缺少适合小型微型企业需求的金融产品、信贷模式、信贷制度等现象，纷纷设立了一些中小企业的金融专营机构，但是效果并不是很理想，只满足了其中一小部分小微企业的需求，国有银行的作为尚且如此，就更不用说村镇银行、小额贷款公司等新型金融机构对私营企业生存发展所需融资量的分担程度了。截至2011年5月末，全国仅开业440家村镇银行，截至2011年6月末，全国仅共有3366家小额贷款公司，且多集中在地级以上城市。② 此外，整体上我国私营企业融资成本也相对较高，尤其是小微型私营企业，由于条件限制，它们无法选择基准利率贷款，只能选择需要支付额外浮动利息的、远高于基准利率的年实际利率贷款项目，这就无形中增加了小微私营企业的贷款成本。以浙江地区为例，银行往往会对小微企业实行上浮于基准利率30%～50%的利率政策，再加之个别银行的存贷款挂钩、提前扣除利息等政策，实际上就已经把许多规模小、实力弱的小微私营企业拒之门外了。而小额贷款公司与村镇银行由于经营成本与风险较大，所以贷款利率通常会维持在银行基准利率的3～4倍左右，远高于银行的利率政策，就更不用提民间融资的成本了，在江浙一带与珠江三角洲地区，民间借贷年利息为25%～30%，个别短期借贷利率高达80%～100%，普通的小微私营企业根本无福消受。③

其次，具体来看，在一般情况下我国的私营企业都是通过两种方式进行融资：内源性融资与外源性融资。内源性融资是指企业依靠自身积累所获得的资金进行融资，在企业成长的初期此类融资占所融资金的主要地位。外源性融资是指企业吸收来自外部经济主体的新增投资。由于内源性融资很容易达到额度极限，所以当企业发展到一定规模，需要更多资金时，外源性融资就会变成企业最主要的融资手段。外源性融资包括间接融资与直接融资两种方式，而目前我国的私营企业在

①②③ 黄孟复．中国民营经济发展报告 No. 9 ［M］．北京：社会科学文献出版社，2012：16.

间接融资和直接融资两个方面，都在不同程度上受到了来自制度环境的约束：（1）间接融资的制度约束主要体现在，我国建立的是以国有银行为主体、高度集中的金融体系，该体系的构建是以国有经济为主导的，总体上落后于现在的经济格局。目前我国的国有经济对 GDP 的贡献占 34% 左右，却耗费了将近 68% 的资本资源，而私营企业即使能从银行贷到款项也主要是短期资金贷款，很少能够得到中长期的款项。一来是因为大多数银行都会受到传统观念的束缚，认为私营企业的还贷能力差，资金贷出去风险较高，所以私营企业的贷款申请审查就往往比较严苛；二来是因为私营企业申请贷款受其资产质量的影响较大，由于担保机构少、抵押资产品种单一，私营企业的贷款申请往往在资产抵押条件审核时就被驳回；三来是我国私营企业贷款额度小，变相提高了银行贷款的单位成本，所以就在一定程度上降低了银行为私营企业贷款的积极性。（2）直接融资的制度约束主要是由于我国的资本市场相对年轻，没有拉开市场层次，整体上没有建立起与私营企业成长相匹配的融资体系，所以当前我国的私营企业直接融资的渠道可以说是闭塞不畅的。首先，关于股票市场，最初国家设立的目的主要为了实现国有企业证券性金融支持的转变，所以，对于私营企业来说，能够顺利发行股票上市的较少，尤其是中小企业；其次，关于创业板块市场，2004 年 5 月，由中国证监会发布的中小企业板块实施细则是我国资本市场由单一层次向多层次体系完善迈出的标志性的一步，但是由于我国中小企业整体上还处于成长的初期阶段，一方面能够通过审核的企业较少，另一方面即便是能够通过审核上市的公司也存在一系列的制度问题，如财务报表不实、提高现金分红比、基金违约申购、股票拍卖违规等，所以一般的私营企业也很难从中得到真正意义上的金融支持；再次，关于债券市场。债券融资具有在不分散企业控制权基础上解决信息不对称等问题的优势。但我国私营企业债券的发行是通过计划配置方式来进行管理的，尤其是审批制度本身隐含的政府以国家名义担保发债企业有还本付息能力的信息带有浓重的政府推动色彩，导致了企业债券国债化，使私营企业很难从中分享受益。另外，国家规定拟发行企业债券的股份制公司净资产不少于 3000 万元人民币，有限责任公司净资产额不能少于 6000 万元人民币的政策条件相对苛刻，这使许多正处于成长期，实力相对较弱又迫切需要资金注入的企业根本无法利用这种融资手段进行融资；最后，民间融资的合法性有待商榷。民间融资也是企业进行融资的渠道之一，民间融资的发展也是正常市场态势所驱使的。但是在中国，长期以来仅准许合规融资，民间融资往往被冠以"乱集资"的罪名被取缔和整治。随着我国国民经济的不断发展，私营企业的融资需求不断增加，民间融资是否可以通过法律建设与监管机制的共同作用实现"阳光化"转型是金融市场与私营企业都在关注的问题。

总而言之，我国私营企业在成长过程中普遍遭遇"融资难"是一个明显的事实，它已经成为将私营企业拖入成长瓶颈期的主要力量之一。如果不解决企业融资难的现状，第一，私营企业的日常运转将日益僵化，在日常经营活动中所需的流动资金供给不足也是融资障碍的表现之一，如果一个企业在经营中资金流供给不通畅，就很容易导致资金链中断，企业夭折。第二，企业融资难将导致企业的经济增长方式无法转换，无法实现企业的蜕变与可持续成长。现今是一个讲究转换升级的时代，国民经济增长方式的转型是以企业增长方式的转换为基础的，对于私营企业来说，想要转换经济增长方式，从传统的粗放集约型增长转化为现在科技含量高、污染少、资源消耗小的增长模式就必须要增加投资建设，但如果企业在融资问题上存在困难，所谓的经济增长转型也只能沦为一纸空谈。第三，融资难问题在一定程度上限制了自身创新能力的提高，想要拥有更多属于自己的知识产权，在没有资本保证的前提下，私营企业难以做到这一点。第四，如果不解决融资问题，私营企业"走出去"战略根本无从实现，在"走出去"战略中，最重要的一条就是企业的融资渠道必须畅通，如果企业融资难，即使是私营企业有走出去的想法也无法实现。第五，从长远来看，如果私营企业长期处于融资难的状况之下，其投资与经营的积极性就会大大受挫，就更无从提及企业的进一步成长壮大了。第六，私营企业的融资困难会迫使其转向地下金融或非正式金融融资渠道，这种行为不仅会使私营企业运营陷入风险的可能性提高，还会扰乱中国金融市场的正常运转。一般通过这种方式融资利率都相当高，借贷双方的诚信调研严重不足，是一条十分不正常的金融链，一旦其中某一个环节出现问题，影响是重大的，严重时甚至会导致社会动荡。

4. 政府服务行为方面

政府作为市场规则的选定者、市场秩序的维护者、市场主体的服务者，应该为企业创造一个良好的服务环境。对于大型国有企业来说，它们地位特殊、资本雄厚，国家的政府服务基本上都是围绕着它们而展开，而对于私营企业，尤其是中小微私营企业来说，政府构建的服务环境则可能会决定着它们的生死存亡。市场的活力一般体现在参与市场活动经济主体的主动性与积极性上，也就是说市场与企业的状态存在一种正相关的关系，企业越有活力市场运转就越通畅，如果企业状态萎靡，那市场也会相应呈现出一种麻木呆滞的状态。而企业作为市场环境中生产要素的供给者和需求者，会在经济利益的支配下自发地进行资源配置，但是如果这种资源配置完全的脱离政府的服务与引导，企业尤其是私营企业将很难实现资源利用效率的最大化。我国改革开放以来的实践证明，我国政府的公共服务供给不足，主要体现在两个方面：

第一，政府服务力度不足，对创业环境的建设不够。首先，政府引导不到位，使民间资本多以投机获利为出发点盲目选择投资项目，增加了投资风险，降低了资本效率。其次，政府已制定的政策缺乏应有的系统性与可操作性，使其在执行的过程中难以落到实处。再次，对创业环境建设力度不够，总体上讲，中国已经认识到政府资金和政策支持、创业文化以及有形的基础设施等历史与硬件条件对创业环境建设的重要性，也比较注重加强这些方面的构建，并取得了一定的成绩。但除此之外，国家在商业环境、金融环境以及政府服务政策等软环境方面建设力度严重不足，这也正为政府改善创业环境提供了基本方向。

第二，政府引导组建服务中介力度不够。私营企业在成长与发展的过程中需要一批专业的中介机构为其提供多方面的服务与指导，如在投资方面、资产评估方面、会计审计方面、法律保证方面、设计建设监理等方面。如果企业的经营策略仅依靠业主或管理层的知识量与信息量而决定，那么想要实现企业长期、健康、稳定的发展则会很艰难。

总而言之，提供公共服务并监管公共服务的生产与运行是政府的重要职能之一，这也是我国政府转型过程中极为重要的一个环节，它决定着私营企业成长的内生动力是否能够正常发挥，也正是因为如此，政府服务环境的建设已成为促进我国私营企业成长不可忽视的关键因素之一。

3.2.4　当前中国私营企业成长的内源制度障碍

在当今中国经济迅速雄起的时代，私营经济作为国民经济重要的补充部分，同时面临着机遇和挑战，在同样的外部制度环境中，有的私营企业从生根发芽到历经蜕变终成长为某领域引领者，而有的私营企业却如昙花一现般很快枯萎凋零。事实证明，除了外部制度环境因素，企业本身的内源性制度缺陷也是桎梏企业发展使其陷入成长囹圄的决定性因素。

1. 产权制度缺陷

第一，股权高度集中，不利于企业可持续成长。我国的私营企业多数是以个体家庭为单位，依靠自我投资方式创立发展起来的，资本通常主要集中在业主手中，外部资本比例很小。现代意义上的公司制企业是一个法人，它拥有独立的民事权利和与之相应的责任，企业资本在累积成形以后，企业作为独立的法人享有资本所有权并拥有支配与使用的权利，企业法人所有权与出资者财产所有权是严格分开的。但是在我国的私营企业中，虽然大多数陆续采用了现代的股份有限公司与有限责任公司制，但其中很大一部分实行的都只是流于形式的一种公司架构，其实质并没有严格按照法人公司的体制去规范，企业法人的所有权常常被投资者个人或家族所有权架空，企业"一股独大"，股权高度集中的现象比比皆是，甚至国内的一些上市公司，股权仍然高度集中，如广东荣泰实业股份有限公司（600589）董事长杨启昭及其妻子、女儿女婿等家族成员共持有公司股份的 67.19%；太太药业（600380）董事长朱保国一人间接持有 47.54% 的股份，而包括朱保国的母亲、妻子、兄弟等家族成员共持有太太药业股份的 74.18%；王文京个人间接持有北京用友软件 55.2% 的股份；康美药业（600518）董事长马兴田及其妻女共持有公司 66.38% 的股权①。由此可见，在我国私营企业股东构成中，私人业主的股份所占比重极高，其次业主的亲属包括父母、妻子与子女、同姓兄弟也占有相当份额的股份，当然在有的企业为了留住专门的人才也会赠送或奖励少数核心管理人员与技术人员股份，但这些带有福利意味的股份，基本上属于"哑巴股"，通常只参与分红而没有参与公司重大决策的权利。

　　总之，中国私营企业的股权结构不合理，主体单一、股权集中，投资主体往往局限在家族成员或与家族有密切关系的亲友范围内。当企业的成长突破规模边界需要更多资金注入时，企业这种产权高度集中的缺陷就会凸显出来。企业成长所需资本的无界张性与企业所有者资本的有限性，这组不可调和的矛盾所衍生出的企业规模制约力会将其推入成长的瓶颈期无法突围，导致私营企业无法实现可持续成长甚至夭折。

　　第二，产权界定模糊，容易引起产权纠纷，增加交易成本。由于中国特殊的历史原因导致中国私营企业的产权明晰只流于理论上的形式，在实践中仍然混沌不堪。这里说私营企业产权的明晰性主要是区别于国有企业而言的，国有企业由于在现实经营中所有者缺位，产权不清的现

---

① 木志荣．中国私营经济发展研究 [M]．厦门：厦门大学出版社，2004：348．

象极为明显，而私营企业大多数都是民间投资，投资者拥有相应产权并从中受益，是受到法律保护的。然而，在中国由于历史环境等因素的影响，使得私营企业产权明晰的程度并没有达到现代产权制度的要求，这种现象首先体现在，我国有一部分私营企业虽然就所有制出资事实而言是私人产权，但在法律形式上却带上了"帽子"，在1987年以前，私营经济成分还没有取得合法地位，出于国家政策对于私营资本的抵制，私营资本在那个时期常常带着专业户、重点户与个体经济的小帽子生存，在改革开放以后，虽然国家重新定义了社会主义经济所有制结构，私营经济取得了合法地位，但由于制度的路径依赖，对于私有企业而言还是存在很多政策歧视，于是有很多私营企业又千方百计地戴上"红帽"与"洋帽"，把私人资本法律化为集体企业或外资企业，这种做法就为企业以后的发展留下了隐患，四通集团就是一个鲜活的例子，四通集团本是私营企业，由于当时环境的限制，为了获得社会认可与政策优惠戴上了"集体所有制企业"的帽子，尽管四通最后通过管理层收购解决了产权问题，但这在无形中增加了交易成本，并在一定程度上影响了企业的成长与发展。其次，我国相当一部分私营企业在成立初期是以家族为单位集合资本进行创业的，由于存在家族血缘关系的连接，在创业初期根本就没有想过产权界定的问题，但当企业过了成长期，需要整体升级融资或转股份制的时候，就会出现种种的产权问题，引发家族间争端，使企业陷入成长的困境。这种情况也同样出现在合伙企业与创业资本为借贷或科研经费等方式累积的企业中，这些创业者虽然能够抓住机遇进行创业，但由于产权界定不清，当企业发展到一定程度时就会发现产权归属问题没有得到有效处理，会严重影响企业的进一步成长与发展。

第三，私营企业产权封闭，流动性差。虽然为了促进企业产权的流通，我国自1992年以来，先后建立了4000多个产权交易市场，但是却并没有取得太显著的效果。在市场经济中，资源配置的有效性是通过资产的自由流动性、竞争的充分性以及交易的频繁程度来决定的，也就是说在产权市场中，竞争越激烈、交易越充分，产权资本实现的经济效率也就越高。现代企业制度的出现，利用分离企业产权流动与企业法人产权流动的方式调和了所有权交易的充分性与法人资产稳定性之间的矛盾，使持有股权者可以通过交易转让股权，但是在我国很多私营企业这一矛盾并没有被协调好，企业产权依然顽固封闭，这一方面导致了企业运作效率低下，另一方面也无形中限制了企业的成长。此外，封闭的企业产权，不仅增加了私营企业的融资成本，还提高了私营企业产权进入社会交易市场的门槛，当企业的规模扩大带来更多的资本需求时，潜在的外来投资无法进入企业产权，进而无法打破企业产权单一的结构，不利于企业的进一步成长壮大。

第四，私营企业所有权与经营权的高度黏合性影响了企业的成长。前文已经提到，在中国的私营企业中，有近90%以上企业的创业资金都来源于自主创业者本人以及他们的合作伙伴与家庭，这就使中国私营企业的产权结构高度集中，企业的法人所有权与企业业主或家族紧密相连，正是由于出资者和企业的经营管理者在自然人身上统一为一体，使得企业的出资者直接参与经营决策，进而导致企业的发展深受业主个人或其家族的控制。随着企业规模与经营范围的进一步扩大，这种两权合一（所有权与经营权）的运营状态就逐渐变成了企业成长的障碍，因为企业所有权与经营权不分离，就无法使企业获得由管理专业化与分工专业化带来的收益。两权分离的公司治理结构是适应企业发展的合理的治理结构，实现两权分离和管理分工也是企业发展到一定程度后的必然要求。经济理论与实践都已经证明了分工与生产专业化对于生产力的发展存在正效用，企业的所有者将管理权限让渡给职业经理人，建立起科学的委托—代理关系是优化企业资源配置的正确选择，有利于企业的成长与发展。除此之外，由于保证企业独立法人资格的法人制度并没有被建立起来，这就使私营企业的经营管理仍然会在一定程度上受到企业所有者和家族的控制与干扰，这也为企业的代际传承问题留下了隐患，如果私营企业的继承者总是在家族内部进行选择，一旦家族中没有适合的、具有优秀管理素质的人选，企业就会面临巨大的危机，企业发展的生长性与持续性就会面临威胁，这也是为什么中国鲜有大型长寿公司出现的原因之一。

第五，人力资本的价值在企业产权安排中体现不明显。在当今社会决定企业发展的因素不光局限在物质资本上，人力资本对企业成长的影响也愈显重要。人力资本的价值常通过能力、经验、技术等方面体现且具有难以监督、计量以及载体不可分离性等特点。我国是非常典型的"资本雇佣劳动"逻辑下的产权制度安排，即出资者创立公司，基本上只雇佣只有人力资本的员工工作，并只以有形物质资产与人力资本相结合，使自己的资本增值。在产权安排上，出资者通常也就是业主支配扣除工资、原料、厂房、机器设备等费用后的所有剩余，只分配员工固定的工资收入，对人力资本的开发不够重视，没有把人才价值提升到与企业资本对等的地位，认可人力资本也是一种能够增值的资本。尽管有一些企业为了留住有能力的科技人才与管理人才采取了股份赠与的形式，但这些股份也往往是没有决策权的干股，并且在数量与比例上较少，无法实现产权资本与人力资本的有效结合，起不到应有的激励作用，最终导致私营企业人才流失严重，竞争力下降，企业规模难以扩大。

第六，私营企业产权主体的政治化倾向。受到意识形态的影响，中国的私营企业经历了从体制外到体制内的演变，由于社会主义市场经济的特殊性，一些经济资源掌握在体制内的政府部门或官员手中，就使得经历了过渡期正在成长发展的私营企业有着或多或少的政治化倾向，与体制内相关部门存在着难以言喻的微妙关系，并与之形成了一些特殊的产权往来。尽管私营企业在经营管理上不受政府的直接领导、人事雇佣政府也无从涉足，但私营业主仍怀有一种鲜明的政治情结，在生产经营活动中与政府相关部门发生着千丝万缕的关联。这主要是因为在当前中国体制改革与经济转型的过程中，相应的外部制度环境不完善，私营企业并不是在一个完全公平、公正、公开的竞争环境下生存，这种客观环境的缺陷使其在主观上滋生出亲政情结，希望借此能在企业弱小期寻求得到政府的帮助及保护。有一些企业业主是出于财产安全或企业发展的考虑，积极与政府官员或权力部门建立某种特殊的关系，希望以此得到关照与惠顾，还有一些企业从开始就是依靠地方政府创立组建的，带有明显的官僚背景后台。在现实的经济生活中，许多私营企业业主希望通过出让企业部分产权或控制权来换得政治身份，从而进一步建立与政府部门沟通的渠道，据调查，我国有35.1%的私营企业主是各级政协委员，17.4%的私营企业业主是各级人大代表。① 尽管私营企业向政治靠拢的行为在一定程度上为企业成长带来了帮助，但是这种行为本身也是要支付成本的，代价就是政府（大多数是地方政府）对于企业产权的驱使和干涉，破坏了企业产权的完整性，使私营企业也陷入了"政企不分"的低效率怪圈，而且政府的利益目标、行为准则与企业在本质上就是存在差异的，从而使政府对私营企业的这种干扰行为大大影响了企业的发展。

　　总之，我国私营企业的产权制度存在缺陷，这种缺陷的危害性体现在多个方面：首先，严重影响了私营企业资产信誉和企业的融资能力，市场经济要求企业的产权界定是清晰的、可交易的、具有开放性与社会性。而在当前，中国许多私营企业的产权带有明显的封闭性与宗亲性，这就严重提高了企业产权交易的成本。在现代公司产权体系中，人们可以通过非人格化的资本进入企业而获得权利，企业也可以通过发行股票来筹集所需资金，这是通过实践验证适合企业成长的产权模式，而不是像在中国的产权制度中过于注重"关系"的因素，尤其是一些家族企业在处理产权问题上更相信与自己有关的资本，而不肯将产权开放，这在很大程度上影响了企业的融资，虽然从目前来看中国的私营企业融资困难也有来自企业外部制度环境的影响，但其内源产权制度的边界不清与封闭性也是社会资本难以入注的重要原因，并且由于产权制度的模糊导致企业的借贷信誉与担保能力也令人担忧，内部与外部的因素两者相互影响，共同作用造成了私营企业融资难的现状。其次，私营企业的产

---

　　①　木志荣. 中国私营经济发展研究［M］. 厦门：厦门大学出版社，2004：356.

权制度缺陷使得企业产权中的排他性无法充分体现，当出资者出现利益冲突时，由于搞不清企业归属、各自应占份额多少、如何进行分配，就只能分割企业，将企业一分了之，然后再各自创业，降低了社会资源配置效率，更无从提及企业的可持续成长了。最后，公司的制度结构是一组规范公司法人中相应所有者、支配者、管理者相互权利、责任、利益的制度安排集合。它的实质是在公司法人资产——责任的基础上，制衡性地构建出规范所有者与管理者之间利益关系的行为准则。就公司本身这个经济主体而言，制度结构的总体有效性是以科学合理的产权制度为前提的，只有建立起适合企业发展的产权制度，才能明确企业各方的权利、责任与义务，保证企业管理制度与组织制度的权威性与严肃性，提高组织管理的效率。

2. 管理制度缺陷

由前一节论述的我国私营企业产权制度缺陷可知，正是由于私营企业集中单一的产权结构，使得企业所有权与经营权划分不尽明晰，导致了企业管理制度效率的低下，具体体现在：

（1）企业管理制度设计不完善，管理意识薄弱，执行力不强。企业管理制度包括对日常生产经营、财务会计、人力资源、行政等方面的规范准则，中国大多数私营企业在成立之初，由于企业规模不大，雇工较少，为了节省成本通常身兼数职，分工也不尽明确，管理制度往往不够健全甚至缺失，企业管理完全依赖业主个人的意志，即便是设立了制度，也是流于形式，没有实现制度本身应该体现的价值。

（2）基于产权结构缺陷的管理制度低效表现。首先，这种表现集中体现在家族式集权管理上，中国的私营企业产权结构单一集中，往往把产权关系与家族血亲关系融为一体，企业的管理架构也在此基础上带有明显的"家族式"特征，经营管理通常集中在业主，或与其相关的家族成员手里，这种管理模式的弊端具体体现在，一方面企业家族成员有机会凭借自己的特殊关系得到非人力绩效考核的额外收益，企业的各方面规章制度对他们来说约束力不强，企业的内部管理在本质上出现了所谓的"双重标准"，严重地影响了企业内部激励机制与约束机制的正常运行；另一方面，由于企业管理人员只倾向于在家族内部成员中选拔，其他优秀人才无法融入管理层中去，导致企业人力资本结构失衡，产生企业对人才持续性增加的需求与家族式单一稳定的人才供给之间的矛盾无法调和。而以家族成员为主体构成的企业管理层，由于人才来源单一、教育背景趋同导致其视野思路相对狭窄，信息渠道不够拓展，严重影响了企业的进一步发展。此外，企业的家族式管理也不利于人力资本的增值，由于在企业中家族成员占据了公司要职，这在无形中缩小了企业普通职工的升职空间，导致大量的人才被埋没。即使是有能力进入管理层的人才，也无法获得与家族成员所组成的管理层平等的地位，遭受排挤，产生团队融入障碍并对企业的认同感缺失，进而无法形成一个真正拥有向心力的团队。

其次，产权结构缺陷导致的管理制度低效还体现在企业决策的非理性化上。决策是企业管理的核心，往往关系着企业的生死存亡，由于私营企业的集权式管理，使得企业业主个人独断决策，没有民主参与和科学决策程序，降低了决策的科学性与效率，尤其是当私营企业逐渐步入成熟期时，一些私营业主觉得已经小有成就，产生盲目自信的心理，往往使企业的决策仅依靠自己的经验直觉，采用偶遇式的信息收集方式，信息处理无规则、准确度差，几乎不做市场调研、政策分析、管理咨询等现代信息服务。这种不以市场环境与企业自身条件为基础作出的经营决策，充满了经验主义与赌博的意味，为企业以后的生存与发展埋下了很大隐患，有的甚至直接将企业拖入了死亡的深渊。

最后，我国私营企业单一的产权制度结构导致了企业所有权与管理权的高度统一，使企业的所有者（出资者）往往也是企业的经营管理者。一方面，在中国由于私营企业的进入成本较低，许多私营业主的自身素质并不高，经营理念还无法适应企业在市场经济环境中的生存与成长，知识结构不合理，缺乏驾驭市场的创新能力、协调能力、领导能力与决策能力，思想守旧，不关心政治，致使企业发展后劲不足，产业升级慢。另一方面，即便是企业的创建者具备管理资质，但由于管理权的过于集中，导致企业对"个人"产生强烈的依赖，一旦企业离开了领导人、核心技术人员、某个或某几个具体的管理者就无法实现正常运转，这就无形中增加了企业发展的不稳定因素。此外，由于中国私营企业的家族式管理，使企业在代际传承问题上的首选仍然局限于家族内部成员，而家族成员基本上都拥有一样的生活背景，价值观在不同程度上也会受血亲关系影响而趋同，这就会使得即便是教育程度优良的继承人，也会因为无法脱离家族的干扰而放不开眼界，从而增加了私营企业可持续成长的难度。

（3）企业文化建设不足。企业文化的建设是从更高层次上协调企业内部管理的有效途径之一，企业文化建设不仅有助于增强企业内部的凝聚力，培育职工的认同感，更有助于企业员工增加对企业的关心程度，使他们将个人的发展与企业的成长结合起来，共同进步。企业文化一旦融入在企业的组织行为与管理行为中，就能弱化制度的刚性不足，使员工能够遵循企业文化的价值观与行为方式，自觉地做好本职工作。而在中国的私营企业中，多数不重视企业文化的建设，认为企业文化对自己的生产经营没有实际意义，是一种资源的浪费。即便是建设了企业文化也只停留在组织文体活动、制作企业文化手册的层面，只注重视短期效果而轻视长期效应，只重视企业形象的宣传而没有塑造企业的核心价值理念，只重视管理层的响应而忽略了广大员工的参与。

3. 组织制度缺陷

我国私营企业组织制度的缺陷总体上也是由于产权制度的诟病造成的，具体体现在：

第一，制衡机制在我国私营企业的组织结构中体现得不明显。在一个完整的企业组织结构中，股东会、董事会、监事会、经理层应该相互平衡、相互制约，任何一个企业的任何一个决策者，无论其眼光如何、理论储备如何、实践经验如何，由于客观条件的限制都不可能掌握全方位的信息，所以决策总会受到一定的限制，很多企业盲目扩张造成企业资源浪费的最根本原因就在于其缺乏权力制衡的管理理念，因此建立企业制衡性的管理结构在市场日趋激烈的条件下显得尤其重要。也许有人会质疑制衡机制会降低经济运行效率，但制衡机制本身的"沉没成本"换来的是避免决策失误所带来的更大的损失，而在中国家长式作风的企业当中，即便是建立了现代公司制的股份公司，其董事会、监事会与经理层也相对缺乏独立性，基本上都会受大股东业主的意志影响甚至控制，制衡机制完全没有得到体现，企业的组织结构形似合理但却因为缺乏制衡机制而沦为空中楼阁形同虚设。

第二，企业组织结构封闭停滞。我国的私营企业在创业初期多数是以业主制或合伙制形式存在的，这种组织制度的企业内部结构简单，没有太多的管理层次，因此企业难以建立规范的规章制度，这样就对企业创立者的个人素质要求较高，企业创立者个人的资质就成为了维系企业稳定的关键性因素。此外企业组织结构僵化，缺乏与时俱进的意识，没有随着企业的发展进行调整，仍然停留在创业或发展初期的组织格局，根本无法适应企业自身的成长要求与市场环境的形势变化。

第三，企业组织职权划分不明晰。由于企业组织结构的缺陷导致组织权利与责任的分配也不尽合理，尤其是在中小私营企业，存在过分集权的情况，业主应付日常生产经营不暇，没有多余精力研究企业组织问题。另外，企业组织结构权利责任划分模糊，抑或权责划分与实践业务不相符合，有权没责、有责没权、权责不对等的现象时常发生，影响了企业的运行效率。

第 4 章

中国私营企业外部制度
环境变迁分析

所谓制度环境就是指影响私营企业成长的所有外部因素的总和，这些因素总体上由市场力量和国家力量共同支配着，它主要包含四个方面：政治环境、法律环境、经济环境与社会服务环境。其中政治环境有两个层面，一是中央大政方针，二是政策的贯彻与执行；法律环境是整个制度环境的基础，健全的法律体系有三项最基本的要求：立法完备、司法公正、执法严格；经济环境被视为是私营企业成长制度环境中最重要的组成部分，经济环境最为关键的三个方面是金融环境、投资环境与市场管理；社会服务环境对私营企业成长所需要素的流动性有着重要的影响，其完备程度也从侧面反映了一个国家经济发展的先进性，考察社会服务环境最主要的两个方面，一是社会中介组织的建立；二是专业市场的发展。制度环境是影响私营企业成长的重要因素，即使是再科学再完善的企业制度如果没有安置在一个良好、约束合理的外部制度环境中，也无法发挥其应有的经济效率。

4.1 中国私营企业制度环境变迁轨迹梳理

从新中国成立开始到现在，国家对于发展私营经济的政策制度在不断地调整与改进，私营企业成长的制度环境也相应地经历着变迁。

从1953年开始，刚成立不久的中华人民共和国用了大概三年的时间，基本上完成了社会主义改造。到了1956年，中国的个体经济与私营工商业基本上被消灭；1958年起，中国刮起"共产风"，搞起"大跃进"运动，这使得在农村市场中残存的个体私营经济也基本消失殆尽；1962～1966年，中国自然灾害频繁，国民经济几近萧条，国家不得不在一定程度内恢复个体经济，但恢复范围也主要集中在农村范围；在1966年开始的"文化大革命"期间，前几年稍显生气的个体私营经济被当做污泥浊水而涤荡殆尽；1978年十一届三中全会的召开是新中国政治经济建设的转折点，在会上党纠正了新中国成立以来的"左倾"错误思想，提出解放思想、实事求是的思想方针，认识到个体私营经济对国民经济建设的重要作用。并在此基础上提出了作为社会主义经济必要补充部分的家庭副业、集市贸易与社员自留地，任何人不得妄加干涉；1982年，针对当时中国处于社会主义初级阶段的基本国情，国家提出了在对待所有制成分的问题上应该以公有制为主，但也不排斥对国民经济建设有利的公有制之外的经济成分；1992年，我国允许个体私营经济作为公有制经济的补充而存在，并在此基础上允许多种形式的自愿联合经营；1997年，中共十五大提出："非公有制经济是我国社会主义市场经济的重要组成部分"；2002年，在中共十六大上提出了："必须毫不动摇地鼓励、支持和发展非公有制经济"；2007年，中共十七大重新强调了"毫不动摇地鼓励、支持、引导非公有制经济发展，坚持平等保护物权，形成各种所有制经济平等竞争、相互促进新格局"；2012年，党的十八大再次强调"毫不动摇鼓励、支持、引导非公有制经济发展，保证各种所有制经济依法平等使用生产要素、公平参与市场竞争、同等受到法律保护"。综上所述，我们基本上可以梳理出我国私营经济制度环境变迁的时间轴，总体上我国的私营经济是从 1978 年开始复苏、恢复和发展的，其具体历程大概可以划分为以下 3 个阶段：

1. 私营经济制度环境构建的铺垫与过渡阶段

1978 年 12 月 18 日，中国共产党第十一届三中全会召开，要求把党和国家的工作重心放到经济建设中去。此次会议的决议提到了：实现四个现代化是当前中国发展的目标，这是一项对生产力有很高要求的任务，本着生产关系要适应生产力发展的原则，要将以往不利于促进生产力提高的生产方式与思想方式都摒弃掉。党的第十一届三中全会标志着中国改革开放的大幕正式拉开，在此次会议召开后，党和国家相应出台了诸多有利于个体私营经济发展的政策，采取了国有经济、城镇集体经济与个体经济多种经济形式并存的制度体系，为私营经济日后的成长与发展奠定了基础。1979 年 1 月邓小平在会见原工商界代表的座谈会上指出"根据当前中国发展的实际情况，要将经济搞起来，应该利用起外国的资金与技术，同时国外的华侨与华裔回国办厂，我们也应该给予鼓励。"1979 年 2 月，国务院在"文革"之后批准了第一个关于发展个体经济的报告，报告内容提到了在取得有关职能部门批准同意的前提下，各地可以依据市场需要允许一些拥有正式户籍的闲散劳动力从事个体手工劳动（如修理、服务等），但在本次报告中未提及可否雇工的问题。至此我国个体工商业开启了发展之路，到同年年底个体工商业从业者共发展至 31 万人，翌年翻了一多倍至 80 万人。1980 年 9 月，国家在《关于进一步加强和完善农业生产责任制的几个问题》的文件中首次表示："要组织小商贩、各类手工业者与各行各业能手积极参加各种社队企业和集体副业的生产，充分发挥他们的专长；对于要求个体经营的，通过有关部门批准可以与生产队签订合同，持证外出劳动与经营"。同年，国务院还批转了《工商行政管理局向国务院的汇报提纲》，其中明确提出："恢复和发展个体经济是促进我国国民经济发展的重大举措，它满足了社会生产力进步的需要，同时也安排了城市就业，是一项具有长期性的经济政策……为了带动个体经济的进一步发展在政策上可以放宽一些，准许带几个徒弟或帮手……"隔年 6 月，中共十一届六中全会通过的《关于建国以来党内若干历史问题的决议》中指出："国营经济与集体经济是中国基本的经济形式，一定范围的劳动者个体经济是中国公有制经济的必要补充。"

在当时个体工商业逐渐兴起的潮流当中，渐渐的一些以合伙经营、雇工大户为模式的个体商户成长起来，其中有一些规模颇大的商户雇工已经超过了 8 人，国家对于此类情况是否合法争议较大，但总体上是采取了宽容与谨慎杂糅的默许态度，既没有大肆鼓励也没有明令禁止，也正是由于当时国家秉持的这种中立的态度，在一定程度上为私营经济的发展争取到了空间，同时也为私营经济制度环境的进一步构建打下了良好的基础。1982 年中国共产党的第十二次全国人民代表大会召开，在这次会议的报告中，国家明确地将个体经济划入了适合中国当前生产力发展的所有制结构中。同年 12 月，个体经济在全国人大五届五次会议通过的宪法修正案中，第一次被写入了宪法："在法律规定范围内的城乡个体劳动者经济，是社会主义公有制经济的补充"。

1982～1986 年，中国个体经济由于其制度环境的变迁得到了长足的发展，为私营经济的产生奠定了基础。在这段时期政府对于私营经济主要秉持一种观望的态度——没有急于否定或者肯定，而是完全地尊重群众的选择与实践。1984 年 10 月，党的十二届三中全会召开，会议明确提出了中国的社会主义经济是有计划的商品经济，以公有制为基础，发展多种经济形式与经营方式是社会主义经济发展的必然要求，会议还通过了《中共中央关于经济体制改革的决定》，从制度上对发展个体经济给予了支持，会议决定指出："我们应该长期坚持多种经济形式与经营方式共同发展的方针，这是由社会主义前进的需要而决定的……个体经济在扩大劳动就业、发展社会生产、提高人民生活水平等方面具有无可取代的作用，是社会主义经济必要的有益补充，是从属于社会主义经济的。当前应该注意为城市和乡镇集体经济和个体经济的发展扫除障碍、创造条件、并给予法律保护。"此时党和国家对于个体经济积极的态度在另一方面也暗示了对发展私营经济的默许，虽仍然没有出台肯定与承认私营经济的制度与政策，但在一定程度上当时的制度环境是在引导与孕育着私营企业萌芽的产生。

2. 私营经济制度环境的建立与发展阶段

1987～1989 年，是私营企业制度环境的建立与发展阶段，在这个阶段中，党和国家肯定了私营经济存在的意义，相继出台了一些关于私营经济发展的制度政策，私营经济的制度环境在这一时期基本上构建起来了。

1987 年 1 月中共中央在《把农村改革引向深处》的文件中第一次提到允许私营企业存在。同年 10 月，中国共产党召开了第十三次代表大会，在会议报告中明确了社会主义初级阶段的基本路线，并提出了社会主义初级阶段多种所有制结构的概念，首次明确地指出了："……通过实践证明，发展私营经济可以在一定程度上促进生产、扩大就业、增加市场活力、更好地满足人民群众生活需要……私营经济是公有制经济的必要与有益的补充。必须尽快制订相关政策与法律，保护它们的合法权益，加强对他们的引导、监督和管理"。在之后 1988 年 4 月召开的全国第七届人民代表大会上通过了《中华人民共和国宪法修正案》，经过修改后的宪法第十一条规定："国家允许私营经济在法律规定的范围内存在和发展。私营经济是社会主义公有制经济的补充。国家保护私营经济的合法权利和利益，对私营经济实行引导、监督和管理。"这是我国第一次在法律上肯定了私营经济，标志着我国的私营经济正式从体制外过渡到了体制内，真正进入了合法成长与发展的阶段。同年 6 月，国务院颁布了《私营企业暂行条例》，规定私营企业利润分配方式以及国家应该对其进行的监督管理、登记管理、税金征收管理等内容。这项条例的颁布标志着我国私营企业制度环境基本建立起来了。至此，私营企业作为社会主义的经济主体之一，与国有企业一起推动着我国社会经济的发展。

1992～2001 年是私营经济制度环境的发展阶段。在这个阶段，党和国家在实践中不断探索，努力为私营经济的成长与发展营造出一个适合中国国情的制度环境。1992 年邓小平针对社会主义市场中存在的问题发表了南方讲话，提出了著名的"三个有利于"理论，论述了在社会主义政治经济建设中，只要是符合"三个有利于"标准的都应该给予支持与鼓励。邓小平的"三个有利于"理论解除了当时社会主义经济发展姓"资"还是姓"社"的顾虑，坚定了民间投资的信心，激励了民间投资的积极性。同年 10 月召开的十四大上，党和国家提出了社会主义市场经济理论，肯定了在国家宏观调控下市场机制对资源配置的优化作用，将建立社会主义市场经济体系确定为当前中国经济体制改革的重要目标。并在这个基础上，十四大会议进一步肯定了私营经济发展对国民经济建设的重要性，明确了我国以公有制为主体，多种所有制共同发展的经济方针。此外，十四大还提出了"抓大放小"的国有企业改革方案，引导了一批符合条件的小型国有企业改制为私营企业，私营经济一时间在全国范围内呈现出颇具活力的发展态势。1997 年 9 月，党的第十五次全国人民代表大会胜利召开，在此次会议中党和国家第一次突破了传统的公有制与非公有制经济的观念，要求实现不同所有制形式的经济主体在市场上的公平竞争。① 可以说党的十五大真正意义上完成了私营经济与社会主义市场经济的有效结合，私营经济的地位也从原来国民经济的必要补充部分，升级为我国国民经济的重要组成部分。从此以后我国私营经济的发展进入了一个崭新的阶段。1998 年 4 月，我国在宪法上对于私营企业的法律定位进行了新一轮修订，进一步明确了非公有制经济与多种所有制经济的法律地位，为私营企业的发展提供了

---

① 董辅礽. 中华人民共和国经济史（下卷）[M]. 北京：经济科学出版社，1999：418.

更加坚实的法律保证。在中央政府的积极引导下，地方各级政府十分重视本地的私营企业发展状况，先后制定了《民营企业"十五"计划纲要》，为私营企业的成长与发展提供了良好的制度环境。2001 年 7 月 1 日，江泽民同志《在庆祝中国共产党成立八十周年大会上的讲话》中首次将私营企业主划入中国社会主义事业建设者的阵营，强调了包括私营企业家在内的劳动者在政治上都应该平等对待、一视同仁。

3. 私营经济制度环境的完善阶段

自 1979 年以来，通过党和人民群众的不懈努力探索，我国私营经济的制度环境已经基本构建起来了，但是构建出的制度环境是否适应私营企业的成长与整个国民经济的发展，是需要通过进一步的实践来检验的。所以从 2001 年至今一直延伸到中国经济发展的将来，都将是私营经济制度环境不断完善的阶段。

2002 年中国共产党的第十六次人民代表大会胜利召开，在此次会议的报告中，有许多关于发展私营经济制度创新的内容，会议强调了非公有制经济是社会主义市场经济的重要组成部分，必须毫不动摇地巩固非公有制经济的发展，将其统一于社会主义现代化建设的进程中去，和公有制经济一起，在市场竞争中发挥各自优势，相互促进，共同发展；首次提出了要放宽民间资本的市场准入领域，创造各类市场主体平等使用生产要素的市场环境，实现公平竞争；会议还指出，要尊重知识、尊重人才、无论其来自于哪个经济领域也无论是体力劳动还是脑力劳动，只要是有利于人民群众和社会发展的劳动都应该给予尊重与保护；会议还肯定了非公有制经济人士的政治地位，提出了评价人民群众政治先进性的标准，在于其是否为中国特色社会主义建设事业做出了贡献，而毫无疑问在社会主义经济体制改革的过程中出现的个体户与私营业主都是中国社会主义事业的建设者，会议主张要把各个社会阶层的先进分子都吸收到党内；会议还强调了进一步完善保护私人财产法律制度的重要性，鼓励国内外投资者在中国创业，并保护一切合乎法律要求的劳动收入与非劳动收入。十六大报告对我国私营经济的发展具有重大的现实意义，它在十五大报告的基础上进一步肯定了私营经济的社会地位与重要作用，并且这可以说是有史以来对私营经济与私营企业家地位最高的一次肯定，在报告中党和国家用"毫不动摇"的字眼表明了支持与发展私营经济的决心，极大地鼓舞了民间资本的投资热情，激发了私营经济发展的活力。2003 年 10 月，中共十六届三中全会通过了《中共中央关于完善社会主义市场经济体制若干问题的决定》，该决议在贯彻了十六大报告的基础上，专门提出了清理与修订限制非公有制经济发展的法律法规与政策制度的要求，以扫清非公有制经济发展道路上的障碍；决议还拓宽了非公资本在基础设施、公共事业等行业的准入领域，并对非公有制企业的服务与监管进行了改进，保证其能够享有与公有制企业和外资企业同等的待遇。2004 年 3 月全国人大十届二次会议的政府报告中，温家宝总理再次强调了大力发展非公有制经济的问题，并在随后的宪法修改中提出了私有财产不可侵犯。2005 年 2 月，国务院颁布了《关于鼓励支持和引导个体私营经济等非公有制经济发展的若干意见》（也称非公经济 36 条）共针对非公经济建设 7 个方面提出了 36 条指导建议。非公经济 36 条可以说标志了我国私营经济制度环境的建设步入了一个新高度，它带领着中国的私营经济进入了一个崭新的发展阶段。非公经济 36 条被认为是中国改革开放 27 年来最全面，也是最系统的关于促进非公有制经济发展的政策性文件，它的发布与实施可以说是中国非公有制经济发展的一项质的突破。① 2010 年 5 月，我国在非公经济 36 条的基础上又颁布了《国务院关于鼓励和引导民间投资健康发展的若干意见》（简称"民间投资 36 条"或"新非公经济 36 条"），在意见中国家鼓励和引导民间投资进入到交通电信能源基础设施、市政公用事业、国防科技工业等六大领域 16 个方面。与 2005 年的"旧"非公经济 36 条相比，新 36 条的范围更细化，主要针对民间投资，范围相对更小一些。

---

① 迟福林. 中国改革评估报告［M］. 北京：中国经济出版社，2006：57.

此外，新 36 条更加突出操作性与执行性，将民间投资细化到二级科目的领域。同时，新 36 条还突出强调了解决我国非公经济的融资问题。在全球金融危机的阴霾尚未完全消失的背景下，我国新非公经济 36 条的颁布为鼓励民间投资、解决私营企业特别中小私营企业的融资租赁问题，具有极为重要的现实意义。2012 年 11 月 8 日，中国共产党第十八次全国代表大会胜利召开，在此次的会议报告中，我国党和政府重申了要"毫不动摇鼓励、支持、引导非公有制经济发展的立场，在这个基础上，进一步确保各种所有制经济公平参与市场竞争、同等受到法律保护、依法平等使用生产要素"等原则。

通过对我国私营经济制度环境变迁轨迹的梳理可知，私营经济的发展与国家的政策制度密不可分，我国私营企业的不断成长是在党和政府每一次制度环境变迁与创新的基础上完成的。我国私营经济从体制外向体制内的过渡，从"看一看"到"毫不动摇"地发展，这些制度环境的变迁带来了改革开放 30 多年来私营经济发展傲人的成绩。从十一届三中全会以来开始逐渐建立起来的私营企业制度环境，通过中国社会主义建设的实践不断地充实与完善，当然，在肯定成绩的同时，我们也应该看到当前中国所构建的制度环境中仍然存在的一些障碍，在制约着私营企业的成长，私营企业成长制度环境建设的脚步仍然不能够停歇。

4.2　地方政府与中国私营企业成长

在中国私营企业的成长过程中，地方政府的行为对私营企业的影响也是极为重要的，具体表现在区域私营经济发展的差异上。虽然关于区域经济发展差异，我们不排除自然环境资源禀赋与历史条件的先天影响，但是我们也同样不能忽略，影响私营企业成长的制度环境中，也包括地方政府对待私营企业的态度与制度行为，例如：同样处在中国经济转轨期，以个体经济制度创新为主的"温州模式"与"苏南模式"的差异；以及在同样政治约束和宏观经济背景下，中国不同地区会出现经济体制与经济组织的"演化偏离"现象，都证明了这一点。

4.2.1　中国财政体制改革、政治约束与地方政府行为关系

我国中央与地方政府的财政分配关系经历了 1980 年、1988 年与 1994 年三次改革：其中前两次是为了弥补我国工业化推动经济战略的不足，激励地方政府大力发展经济，并将中国财政体制由原来的单一制转向财政包干制。具体分为两个阶段：第一阶段是 1980～1987 年，这个时期中央依据不同地区经济发展状况，对全国 25 个省和自治区进行了包干，建立了财政包干预算体制的基础，经历了从"总额分成，比例包干"的办法到"划分税种、核定收支、分级包干"管理体制的变迁。第二阶段是 1988～1993 年，在这个时期为了配合国有企业体制改革，中央政府将全国 37 个省、市、自治区以及"计划单列市"都纳入了包干体系，并开始实行 6 种形式的包干方法。从制度变迁与经济发展的视角来看，虽然包干制存在一定的制度缺陷，但总体来说还是在当时对地方政府发展私营经济给予了莫大的支持。伴随着私营经济在这一时期的萌芽与地方政府发展的收入增加，促使不同地区的地方政府都在一定程度上出台了一些微观层面的改革措施，重点发展区域内商品经济，这就证明了制度环境影响下的地方政府行为是对私营经济的发展存在制度影响的，同样，地方私营经济的发展也会反过来促使地方政府选择一些能够使其进一步发展的制度安排；我国中央与地方政府财政分配关系的第三次改革是在 1994 年进行的分税体制改革，这次改革的预想目标，理论上是促进地区经济与社会的均衡发展，实现横向财政公平，但在实践中政府建立了税收返还制度，这就仍然保留了旧体制下地方的既得利益格局。并且，中国实行的分税制财政管理体系按照中央与地方的事权划分，地方财政负责承担本区域政府机关运作支出与地区经济社会事业发展等支出，这也潜在地增加了地方政府选择有利于地区经济发展的制度

安排的可能性。

中国的政治约束对私营经济在发展过程中的影响主要体现在两个方面：第一，是由于意识形态引起的政治约束使得私营经济在比较长的一段时期内都带有较为明显的"体制外"发展特征；第二，就是私营经济的发展在地区间、发展速度与发展早晚等方面存在差异。首先，私营经济在中国体制改革初期的较长一段时间内都只作为公有制经济的补充部分，颇有过渡型经济种类的意味，正是由于这种意识形态上的影响使得私营经济的存在被视为是社会主义初级阶段特有的过渡现象，它的这种在发展过程中制度预期的不确定性影响了地方政府制度的选择，同时也影响了私营企业本身的长期经营行为，无形中增加了私营企业制度环境与制度结构变迁的成本。其次，政治约束也衍生出对私营企业许多政策制度上的限制，虽然我国私营经济在20世纪80年代就取得了较快的发展，尤其是东部与东南部的部分沿海地区经济增长比较明显，但这种经济增长有很大一部分原因在于当时出现了一些弱化政治约束的制度变迁，这些制度变迁中有一些是私营企业本身承担政治约束成本完成的，有些则是包含了地方政府的行为。

4.2.2 地方政府行为偏好

一般情况下地方政府的行为偏好与资本回报率有关，资本回报率越高，地方政府行为偏好的刚性越强。在过去中国传统的经济体制下，由于国有资本回报率高，所以地方政府也通常会倾向于选择有利于国有资本量占资本总量绝对优势的制度安排。但随着中国经济体制改革的不断深入，私营经济成分逐步渗透所有制结构，就使原来相对稳定的状态被打破了，此时地方政府行为偏好的标尺变成了国有资本与私人资本各自边际产出效率的高低。假如某地区的国有企业无论是在数量上还是规模上都远大于私营企业，并且私营企业边际产出效率也没有足够高于国有企业，那么在这种情况下，地方政府的财政收入毫无疑问地会更多地依

赖于国有企业，所以相应地地方政府的行为偏好也就将会继续延续计划
经济时期的状态，收敛于以国有资本为主的传统资本结构或所有制形
式；但是如果当私营企业的资本边际产出效率远高于国有资本时，即使
私营企业在资本总量所占比例上并不存在优势，但只要地方政府从私营
企业中所获得的财政收入高于国有企业，那么地方政府就会将资本结构
中曾收敛于国有资本的行为偏好逐渐修正，使其收敛于倾向于选择私营
资本的制度安排。

此外，地方政府行为偏好所呈现出的状态会根据私营经济发展的不
同阶段而不同，当私营资本刚开始发展，所占资本总量份额较少时，地
方政府并不会给予重视，随着私营资本的累积速度越来越快，累积数量
占资本总量的份额越来越多，地方政府的行为偏好也就会相应倾斜，也
就是说此时地方政府更倾向于提供发展私营经济的制度安排，而当私营
资本的边际产出效率和资本量的增加速度都提高时，地方政府就将会明
确地确定发展私营经济的制度安排。

4.2.3　地方政府行为偏好效应

通常情况下，地方政府的行为偏好会通过制度安排对当地私营经济
发展路径产生影响，这就是地方政府行为偏好的效应。

证明地方政府行为偏好的转变对私营经济发展起到的关键作用的例
子有很多，这里我们选择以江苏的乡镇企业为例进行阐述。20 世纪 80
年代，在中国普遍实行联产承包责任制的大环境下，归属地方政权所支
配的社队企业对地方政府税收与劳动就业等多方面产生着不可替代的作
用，所以这个时期地方政府行为偏好是倾向于集体所有制经济的，也正
是由于地方政权的权利资本为乡镇企业提供的综合资源，使得尽管当时
各方面的环境约束较紧，但在 20 世纪 80 年代到 90 年代，江苏地区的
大多数乡镇企业还是得到了十足的发展，但当步入到 90 年代后，原来
的乡镇企业产权结构已经无法适应市场发展的要求，地方政府从中获取

的边际收益递减，乡镇企业制度变迁的需求空前膨胀。在这个过程中，无疑可以看出地方政府的行为偏好对私营经济的发展起着举足重轻的作用。从另一个角度来说，江浙一带正是由于私营经济制度安排灵活有效，在很大程度上适应了市场的要求，使得私营企业在当时短缺经济的大环境下资本的边际效率高于国有资本的边际效率，再从历史条件上看，江浙一带本身国有资本比重就偏低，国有资本的总量贡献与私营资本相比不具有压倒性的优势，这就使地方政府的行为偏好更倾向于采取有利于私营企业的制度安排，发展地区私营经济。正是由于地方政府行为偏好效应与多方面因素的综合作用，使得江浙地区地方政府逐渐摆脱了传统国有资本行为偏好的束缚，为本地的私营经济发展提供了较之其他地区更为优渥的条件，保证了该地区私营企业制度变迁的环境供给。当然在变迁过程中所收获的潜在收益也就由私营企业与地方政府共同分享。

而对于我国中部地区与东北地区来说，地方财政大部分是由国有资本贡献的，这就使地方政府的行为偏好难以向发展私营经济倾斜，而出现了"偏好时滞"即政府仍然坚持传统行为偏好，更关注国有企业改革对经济增长的效应而忽视了对私营企业发展的制度环境供给，进而造成了当地私营经济发展相对落后的现状。由此可见，地方政府的行为偏好会导致各地区私营经济发展水平的差异。但是随着我国改革开放的不断深入，私营经济的发展带来了江浙等东部沿海地区较高的经济增长，引起了其他省份的注意，使其意识到了发展私营经济的重要性，并且随着市场经济体制的不断完善，人力资本要素与其他资本要素的跨地域流动性增强，也在一定程度上带动了中西部与东北地区地方政府去选择促进私营经济发展的制度安排。

总而言之，地方政府的制度选择行为会对本地区私营经济的发展产生巨大的影响，在同样的宏观制度环境供给下地方政府的行为偏好决定了地区私营经济的发展水平及发展路径。

4.3　中国私营企业成长的制度环境供求分析

制度变迁的供求分析对解释制度变迁的动因问题有较强的理论性与说服力，本书也试图应用此分析框架来揭示我国私营企业成长的动因以及影响企业成长的重要因素。制度环境是指企业成长过程中外部制度因素的总和，这些因素基本上是由市场本身与国家力量共同支配，无论是市场主导型的制度环境创新或是国家主导性制度环境创新，其目的都是构建出良好的制度环境，保证环境中作为微观行为主体的私营企业能够进行有效的制度创新，也就是说对于私营企业而言，由市场本身与国家力量共同决定的制度环境是其制度创新的必要条件。

4.3.1　影响中国私营企业制度环境供给的因素

制度变迁的供给主体可以是一个政府、阶级，也可以是一个企业或别的组织，甚至可以是个人，这几种主体在制度供给中的地位并不完全相同，其中政府或国家是最重要的制度供给主体。对于我国的私营企业制度环境变迁而言，供给主体同样包括前文三种形式，政府作为最主要的制度环境供给者，对我国私营企业的成长起着举足轻重的作用，私营企业不同发展阶段的各项法律、法规、方针、政策的制定、出台与实施，都无法离开国家这个强大的供给主体。当然除此之外，也不能忽视自发的组织团体与个人对私营企业制度环境的影响，例如各地区外地商会的形成与发展就在一定程度上降低了企业间、企业与市场间、企业与政府间交往的无法确定的潜在交易成本。

一般情况下，无论制度变迁供给的主体是政府部门还是团体个人，基本上都会遵循一个原则，即只有当制度变迁的收益大于或等于制度变迁的成本时才会发生，制度安排才会被创新出来并落于实践。作为私营企业制度环境的供给者也不例外，本着成本—收益的角度出发，供给者会在探讨每一项制度环境的提供是否能够带来收益的条件下，来判断是否推动制度变迁。基于这个出发点，制度环境变迁的供给者在推动制度环境变迁的过程中仍然会受到一些因素的影响，具体有三：

第一，宪法秩序因素。在新制度经济学制度变迁供求分析框架中，宪法秩序被视作外生变量，是影响制度变迁供给的一种重要因素。由于历史原因与意识形态的影响，可以说我国的宪法秩序几乎决定着私营企业的生死存亡。在章节4.1中，已经梳理了自改革开放以来我国私营企业制度环境的演变，从中可以看出我国关于私营经济宪法的确立与修正过程，正是我国私营经济从体制外到体制内法律地位的确定过程。关于私营经济宪法的确立与修正是私营经济从夹缝中的萌芽到逐渐发展壮大最基本的刚性保证，在这个基础上，私营企业制度环境的供给者遵循着法律的权利与义务，界定着私营企业制度环境创新的方向和形式。

第二，规范性行为准则。规范性行为一般是指有历史延续性的，基于文化传统的行为准则，制度变迁主体在设计新的制度安排时要注意不要与规范性行为准则向背离，否则就会造成创新的制度难以推行进而增加制度变迁的成本。在我国传统文化中，"家"的概念占主导，所以在基本的行为准则里强调了家庭的归属感，此外对权力的依恋、重人际交往、以人为本等文化传统理念在私营企业本身的制度结构中都有所体现，尤其是在具有中国特色的家族企业中更为明显。所以，根据这种难以剥离的特殊制度属性，如果私营企业制度环境的供给者在供给中忽视了这个因素，盲目地构建与之相违背的制度环境就很可能造成无效供给的局面，带来资源的浪费。

第三，现有的制度环境。现有的制度环境对制度变迁的影响主要体现在"路径依赖"上，一般情况下，现有的制度环境都是经过一定时间累积，形成了较为稳定的利益格局，即使出现了制度失衡，既得利益集团也会极力维护现有的制度环境，捍卫自己的利益。而有些时候瓦解既得利益集团的权力所需支付的成本很高，这就在一定程度上给制度变迁造成了障碍。例如，在我国目前的制度环境中，市场准入、税费问题、融资状况等方面都受到了不同程度的"路径依赖"的影响，想要在国有企业、外资企业与私营企业之间打破原有既定的利益格局，一方面需要支付高额的制度变迁成本，另一方面也需要强大的政治权利作为后盾。

4.3.2　影响中国私营企业制度环境需求的因素

我国私营企业不同发展阶段对制度环境的需求也不尽相同，在新中国私营经济最初的萌芽阶段，私营企业的制度环境需求仅仅是获取有法律依据的合法地位与身份。但随着私营经济的发展，原有的制度环境对私营企业的成长产生了不适性，此时私营企业就会产生新的制度环境需求。总之，我国私营企业的制度环境需求是随着企业的成长不断调整与变化的。影响私营企业制度环境需求的主要因素大体上有三个：

第一，市场规模。随着经济的发展，生产的分工也愈加详细，这时作为市场经济中最具活力的主体之一——私营企业也在经历着蜕变：规模的扩大、领域的拓展，一系列的成长与发展都带来了新的制度环境的需求。例如，当一部分私营企业基本完成了资本的原始积累，就会寻求更进一步的成长与扩张，这时候私营企业就会争取其他的利润点与更多的市场准入领域，而伴随着更多渠道与新局面的打开，私营企业对于资金的需求相应增加，当企业本身的资金量与原有的融资模式难以满足企业成长的要求时，新的融资制度环境需求也就产生了。

第二，外部性。制度设计的目的之一就是将外部性内部化，当一个经济体系里每个经济主体存在着各异的外部性时，其他的经济主体就会产生对新制度环境的需求，使这些外部性内部化，以达到个体成本接近社会成本或个体收益接近社会收益的目的。在我国，目前的市场经济体制尚未完善，必然会存在一定数量个体的外部性，所以作为市场主要经济行为主体的私营企业也就势必会产生能改变外部性制度环境的需求。

例如，在国民待遇与政策制度支持上，外资企业与国有企业可能相对更占优势，使得同为经济主体的私营企业在同一个制度环境中运行时却产生了不同的成本和收益，这个时候私营企业就形成了新的制度环境需求。

第三，技术进步。马克思曾经论证过生产力的发展与生产关系之间的联系，并指出当生产的进步突破了原有生产关系的适应边界时，社会变革的时代就会到来。马克思的观点阐述了技术进步是带来社会制度需求的一个重要因素，该理论也同样适用于私营企业的制度环境变迁，当一个企业技术发展到一定程度时就必然会对资金与人才产生进一步的需求，这些需求就会累积转换成对新制度环境的需求。

4.3.3　中国私营企业制度环境变迁的方式

通过 4.3.2 节的论述我们可知，无论是上述哪一个因素发生了变化都会引起我国私营企业制度环境供给与需求的变动，形成潜在的利润，导致制度环境失衡，产生制度变迁发生的动机。

那么，我国私营企业制度环境变迁是采取哪种方式完成的呢？在本书第 2 章论述过，制度变迁的方式有两种：强制性制度变迁与诱致性制度变迁。通过 4.3.2 节对私营企业制度环境变迁历史轨迹的梳理可知，我国私营企业的制度环境变迁主要是以强制性制度变迁为主，这是因为：第一，受历史原因的影响，我国民众在意识形态层面上对私营经济以及私营企业在国民经济建设中的地位与作用存在一定的偏见，实现自发地自下而上的制度变迁阻力很大；第二，经济体制改革由计划经济向市场经济的转轨包含着一定的矛盾与冲突，国家政府具有独特的优势提供刚性的制度供给，能够相对高效率地协调好各个利益主体之间的矛盾，维持社会的稳定；第三，经济全球化的日益发展，国际竞争愈加强烈，诱致性制度变迁的时间周期过长，无法满足企业要尽快适应竞争的需求，而诱致性制度变迁指的是在制度供给不足的情况下由微观主体自下而上进行的制度变迁，带有行为自发性的特点。在我国虽然政府是最大的制度供给者，以刚性的姿态主导着私营经济的发展方向，但是在改革开放以来，经济体制转轨过程中一系列制度环境的变迁可以说具备着"摸着石头过河"的特点，许多政策安排都是通过特定区域实践后再进一步广泛推行的，国家这种渐进式的改革使得人民群众对私营经济与私营企业的认识逐渐提高，国家为私营经济发展提供的空间逐步扩大，但在这个过程中常使现有的制度环境无法满足经济生产的需要，于是市场中的微观主体常会自发地进行制度创新与变迁。例如我国温州地区的私营经济制度环境变迁就是典型的诱致性制度变迁，由于温州地区私营经济萌芽较早、发展较快，而在 20 世纪 80 年代，我国金融制度并不完善，私营企业基本很难从国有银行得到资本支持，所以历史上出现的民间金融就在这个时期的温州地区开始萌芽，在民间金融市场的压力下，温州地区苍南县的金乡镇信用社于 1980 年率先实行利率浮动，到了 1986 年全温州市实行利率浮动的农村信用社达到了 88%，1989 年 9 月，中国人民银行总行批准温州市为全国唯一的利率改革试点城市。

总之，我国私营企业的制度环境变迁基本上是以由自上而下的强制性制度变迁为主，同时辅以自下而上的诱致性制度变迁，两者相互作用、相互促进、共同作用完成的。

4.3.4 中国私营企业制度环境供求状况

1. 我国私营制度环境的需求

与改革开放以来我国私营经济发展的态势相比，私营企业的制度环境建设具有一定的滞后性。某些制度的缺失与不完善是目前影响我国私营企业可持续成长的重要原因，从具体来看我国制度环境与私营企业成长的不适应性具体体现在以下三个方面：首先，私营企业并没有获得与之匹配的平等竞争的制度环境安排，例如国家在市场准入、征收税费等方面还需要进一步的调整与完善。其次，从立法的角度上说，虽然国家已经在法律上承认了私营经济的地位，但是随着私营经济的发展，非公有制财产的产权形式越来越多，相关的法律法规并没有相应地作出改进，以增加非公有制产权拥有者的信心，激励民间资本的投资活力。再次，支持引导私营企业成长的相关政策并没有完全落实到实践中去，现阶段我国许多鼓励、引导、支持非公有制经济发展的政策还停留在宏观层面，如在"非公经济36条"颁布伊始，在市场准入的调整上就存在"玻璃门"现象。

目前，我国私营企业的生命周期大概为3~5年，国有企业的生命周期为6~7年，私营企业的生命周期仅为国有企业的一半，这就在一定程度上说明了制度环境的缺陷对于私营企业成长的影响是相当之大的。而且，制度环境的缺陷也是私营企业不规范市场行为滋生的温床，如一些私营企业的非法集资行为以及不正当渠道的贷款，就在一定程度上反映了企业成长过程中资金支持严重不足，进而反映了我国金融体制的构建还存在着一定的缺陷。还有，一些私营企业财务与税收运作的不规范行为也暗示了我国税费制度的不合理之处。目前，我国政府职能并没有完全适应私营企业成长新阶段的要求，一方面，私营经济的发展速度很快，对于制度性公共产品需求强烈；而另一方面，我国政府职能转变与改革相对缓慢，无法满足私营企业发展新阶段的制度性公共产品的需求，并且，受到历史原因与意识形态以及路径依赖等因素的影响，我国政府职能的改革在步入攻坚阶段之后，效果并没有非常明显。

2. 我国私营企业制度环境的供给

随着改革开放的不断深入，政府为了适应市场化改革的需要已经逐步转型为制度性公共产品提供的主体与经济型公共服务的主体。从国家经济社会发展的阶段上来看，由经济建设型向公共服务型转变的政府是顺应经济社会发展需要的，这也是我国政府下一步改革的中心与重点所在。

毫无疑问，私营经济的不断发展对政府制度的供给提出了迫切的需求，大致体现在三个方面：一是健全良好的宏观调控，尤其是完善公平的市场竞争环境、维护市场秩序、建立适应经济发展的金融机制；二是为非公有制经济提供科学的经济发展预测与引导；三是提供良好的基础设施。本书将在后续章节中对此问题进行详细探讨。

总而言之，我国私营企业成长的制度环境处于不对称的失衡状态，制度供给相对滞后，无法适应我国私营企业可持续成长的需求，国家与政府应当根据私营企业的发展现状，综合企业制度结构的平均状态，进行制度环境创新。

第 5 章

中国私营企业制度结构变迁分析

本章探讨了我国私营企业产生路径，由此总结出中国私营企业的制度特征以及制度特征对私营企业成长的辩证影响。并在这个基础上，导出了现阶段我国私营企业成长内部制度结构的需求与供给模型，为私营企业制度创新路径的选择提供了理论与现实依据。

5.1 我国私营企业产生路径分析

我国私营企业由于受特殊的历史原因与意识形态的影响，产生路径较多，总体上可以分为以下四个方向。

1. 个体工商户发展而来的私营企业

自改革开放初期私营资本萌芽以来，伴随着我国经济体制改革的不断深入与私营经济的不断发展，一些个体工商户由于所选择原始产业的发展与自身经营的成功，生产规模不断扩大、资本投入不断增加、雇员数量不断增长，逐渐由原来的个体工商户发展成为私营企业。这种私营企业的特点是产权多集中于个人或家族手中，从当前我国私营企业整体的发展情况来看，这种产权结构的企业是占我国私营企业总数比例最大的，具体还可以依据产权结构细致分为：（1）个人独有。这种私营企业最初是由个体工商户个人单独投资经营的，企业产权与经营收益均为投资人个人所有，并可以将所有产权根据法律进行自由转让或继承。（2）家族或家庭成员共有。该类私营企业是由某一家庭或家族全体成员或部分成员共同出资建立，具体可分为两种情况，一是在创业阶段是由家族中某一成员初始投资创立，但随着企业业务的扩展，规模的扩大，家族其他成员也逐渐参股经营的情况；另外一种情况是在企业创办伊始就是由家族成员共同出资建立起来的。

一般情况下，由个体工商户发展而来的私营企业产权在各个企业间是清晰的，但是这种类型的私营企业在自身的企业内部，产权是混沌模糊的，因为原始出资者基本上都隶属于以家庭为单位的自然人，天然的血亲关系在这个时候为企业产权的严格界定增添了屏障，虽然这类企业发展到一定阶段也会采取股份有限公司的形式经营管理，但是从本质上，企业的投资主体仍局限于夫妻、兄弟、亲子等家族成员之中，又因为大多数企业在建立之初就没有解决产权的明晰问题，所以就常会引发企业无法建立起科学有效的制度结构问题，为企业的可持续发展埋下隐患。

2. 集体企业变革而来的私营企业

由集体企业变革而来的私营企业可以分为两种情况，第一种情况就是真正意义上的集体企业，产权归集体中全体成员共同所有，这类企业在一开始创立集资（包括实物资本、资金资本、社员共同劳动资本等）时是由集体累积所得，所以企业归属权也应该归集体成员共用支配，基本上找不到直指个体自然人的股东。这类集体企业在转化为私营企业时，主要是通过私营业主出资收购、承包以及集体企业自身改制等途径实现的，因此在转化为私营企业之后，其企业的制度结构就会呈现出与业主出资创业的私营企业一样的特点，也就是有着浓重的家族企业色彩，即企业产权与管理权统一控制于个人与家族手中。第二种情况就是所谓的"红帽"企业——名义上是集体企业但在实质上是由个人投资创立的。自 20 世纪 80 年代开始，受到当时制度环境的影响，出现了一部分挂靠在政府部门、事业单位、集体企业名义下的私营企业，这些企业名义上是以公有制经济组织注册，但在实际上却是私人资本投资，其企业的经营运作模式也是按照私营企业体制进行，带有企业产权与资本归属相矛盾的特点。如在 20 世纪 80 年代末的江浙地区，受制度大环境的影响使得一批本来是以资金合作形式注册成立的股份制合作企业却依据有关地方法规界定被划入了公有制经济行为主体的范畴，由于其在范畴归属上带上了"红色的帽子"所以在当时一度很受政策扶持，成立与发展的速度都很快。但伴随着企业规模的扩大、收益的提高，企业的创立者与被挂靠的政府部门、事业单位、集体企业也都相应的想要索取产权归属、分享经营利润。面对这种局面，一些企业通过资产清理、产权界定等步骤按照现代企业制度的要求进行了股份有限公司或者有限责任公司的改制，另一些规模较小、经营不善的企业，也能够通过整体出让、兼并等形式或者通过吸收社会资本、依靠经营管理者与职工参股等方式实现盘活存量资产，建立起新的法人实体。还有一些产权界定不清的"红帽子"企业，由于有关政府部门与创立者无法就产权问题达成一致的处理协议，导致要么这些企业由原政府主管部门回收接管，将创业者驱逐出企业；要么企业由当时的创业者集团把持，以不同方式转移主营资产，把原创立时的政府靠挂方排除在企业之外。无论是以上哪种情况，利益受损方都会不得不采取法律手段甚至行政手段追讨其应得权益，影响了企业的成长发展，使企业处于低迷的运营状态甚至趋于消亡。

3. 由政府官员、科研人员等知识分子下海经商创办的私营企业

我国自 20 世纪 80 年代中期开始，有一批教师、政府官员、医务人

员、科研人员等知识分子以辞职或停薪留职等方式离开了自己原来的工作岗位，下海经商创办了各类行业的私营企业，这种类别的私营企业从产权上来看基本也可以分为两种：一种是个人独有型，企业由单个出资者投资创立，该种企业发展到一定程度也会带有家族企业的影子，这是因为这种企业的所有权、经营权与利润分配权基本上全部掌握在出资人手中，三权合一的制度结构很容易将其带入家族化的经营管理模式之中；另外一种是合伙型，通常是指由两名以上的合伙人共同出资创办的企业，产权归合伙人共同所有。这种企业在成长过程中同样会面临着资本融入的问题，有的企业会寻找新的合伙对象；有的企业会根据自身行业特点吸纳公有制企业或其他经济组织来改善企业资本实力；有的企业会为了保持经营业绩稳定增长、规模持续扩张的发展态势出让部分产权给为企业做出突出贡献的管理者，或者出让部分产权吸引外部一些优秀的职业经理人加入企业管理层。

与前文论过的两种私营企业相似，以此种路径发展而来的私企，一是个人独有型企业存在浓厚的家族化色彩，当企业发展到一定程度时，基于产权的各种制度上的弊端会逐渐显现出来，影响企业的寿命；二是有一些私营企业在创办初期为了享受有关政府部门的"特殊"关照，挂靠在某些政府机构名下，经过若干年的发展经营，企业的产权混沌不清，导致管理制度与组织制度不成章法，制约了企业进一步成长壮大。但是，从总体上看，由于此类私营企业的创业者文化水平较高、在生产经营过程中的学习能力较强，尽管在企业发展中也遇到了这样那样的问题，但相对而言他们所创办的企业生命力较强，他们中的很多人也在这个过程中成长为了优秀的企业家。

4. 由国有企业改制演变而来的私营企业

随着我国经济体制改革的不断深入，大多数的国有企业（除去一些关乎国家经济命脉的大型国有企业）都选择了不同的路径进行了体制改革。在这个过程当中一部分私营企业通过兼并、参股、收购、控股、承包、租赁、联合经营等多种方式取得了国有企业的产权或者部分产权，这种改制后的新企业产权结构，会由于民间资本在改制过程中融资方式的不同而不同，大体上可以分为两类：一类是国有企业的部分产权以有偿形式出让给民间资本，以合作形式共同建立有限责任公司，此时新建立企业性质就由原来完全国有转变为以自然人为主、国有经济组织和其他企业法人在企业注册资本中各自占有一定比例的企业；另外一类就是国有企业的产权全部以有偿的形式出让给个人经济主体，企业性质由原来的全民所有制整体转换为私有或个人性质的企业。不管是上述哪种方式改制的企业，由于个人或私营企业对国有企业产权的获取，就不可避免地将私营企业产权结构以及以此为基础的私营企业制度结构特征带入了新企业之中，使其在不同程度上都沾染上了家族企业的色彩。

5.2　中国私营企业制度特征及其对企业成长的辩证影响

从 5.1 节探讨的我国私营企业产生路径可以看出，与发达资本主义社会中的企业不同，从古至今中国私营企业经历了特殊的历史洗礼，在备受压力的环境中以顽强的生命力反复出现。随着新中国经济转型的不断深入，私营企业由意识形态引起的政治约束也逐渐被解除，私营企业的社会经济地位也得到了逐步提升，人民群众对私营企业的认识得到了扭转，由原来的排斥逐渐转为接受与认可。正是中国私营企业特有的发展背景与发展历程导致了它具有鲜明的制度特征，集中表现为"三缘性"与家族化。

5.2.1　中国私营企业的"三缘性"制度特征

第一，中国私营企业制度安排的血缘性特征主要集中体现在产权制度上。在当代中国，大多数私营企业在原始资本积累阶段，企业资本所有者多为以家庭血缘关系为纽带结成的家族成员，亲子、夫妻、弟兄姐妹等家庭关系贯穿于企业产权形态之中。尽管随着企业的发展，产权结构渐渐多样化，甚至采用现代的股份有限公司形式，但在本质上仍保留着家族化的产权模式。

第二，中国私营企业制度安排的亲缘性特征在企业的产权制度与管理制度中都有所体现。一方面，中国相当一部分私营企业的产权主体都集中在以家族血亲关系为基础的所有者手中，他们掌握企业权利砝码的多少除去其各自对企业的贡献之外，还受其在家族中地位的影响，确切地说受其与企业核心创始人物的血亲关系的影响。另一方面，在企业管理上也采取的是亲缘式管理。主要体现在：首先，企业决策机制缺乏科学民主性，由于影响企业成长的重大决策通常由企业主也就是所谓"大家长"决定，导致其往往带有随意性、主观限制性、易变更性、透明度不高等特点。其次，在企业人力资源管理方面，多数私营企业用亲缘来连接人与人的关系，倾向于从以亲缘关系为纽带的小团体中选拔管理层，致使该群体呈现出近亲繁殖的复杂人际网络状态，缺乏现代企业应有的良性人力资源结构。最后，关于企业的治理形式，即便是采取现代公司制度的私营企业，其董事会、管理层、监事会的设置也不尽系统科学，相互制衡效果由于混入亲缘因素不尽明显。

第三，中国私营企业制度安排的地缘性特征体现在企业的产业组织形式上。地缘，指的是企业的创业具有"离土不离乡"或"离乡不离地"的特征。企业是借助了本乡本土的社会关系，寻找到的适合发展机会，以致企业在成长发展后也脱离不开本区、市、省等地方性的社会网络。

5.2.2 中国私营企业的"家族化"制度特征

中国私营企业制度安排的家族化与三缘性特征呈现出一种水乳交融

的状态，家族化的理念在三缘性特征中都有所体现，具体可以总结为：第一，企业的产权基本为家族或家族中某一家庭所有，具有封闭性与非经济化性；第二，企业中的所有权与管理权及决策权结合紧密，"董事长兼总经理"职位非常常见，企业成员以家族成员为主，并且往往在企业中身居要职。在经营决策方面，权利往往掌握在"族长"手中，具有家长式的个人倾向（具体情况见表5.1）；第三，企业文化以家族式的道德文化为基础，市场经济行为逻辑淡化。

表 5.1　　私营企业重大决策和一般管理决定的产生方式（%）

决策者	经营决策	一般管理决策	决策平均数
业主本人	58.8	54.7	56.75
业主主要管理者	30.0	34.9	32.45
董事会	11.0	10.0	10.5
其他人	0.2	0.4	0.3

资料来源：张厚义等. 中国私营企业发展报告（1999）［M］. 北京：社会科学文献出版社，2000：132.

5.2.3　中国私营企业制度特征对其成长的良性影响

我国私营企业当前表现出来的制度特征对其成长的正效应主要体现在以下两个方面：

第一，降低交易成本。由于私营企业的制度安排中具有三缘性与家族化的显著特征，这使企业在创业初期借助亲缘、血缘、地缘的关系发展成长，提高了融入当地社会经济环境的效率，减少了企业的内部交易成本与外部交易成本。首先，中国的私营企业由于受时代经济环境的影响，在发展初期往往规模较小，所需资源不多，此时企业制度安排中的三缘性与家族化特征能够优化企业资源的组织配置，使其能够在较小范围内更好地进行，提高了企业成本的运行效率。其次，我国私营企业与地方政府一直有着微妙的关系，因其在夹缝中产生并成长的历史背景，使得私营企业的政治弹性较高——即私营企业的生产经营对政府政策的变化非常敏感，而企业制度安排特征中的地缘性因素使企业依托政府创建并发展起来，这在一定程度上可以减少政府政策导向性的经济风险。

第二，提高企业管理效率。家族伦理规则在社会组织中有着先天的良性影响，主要体现在规模性、凝聚力、组织性与较强的自我调节能力上。而这些影响作用于经济单位时突出地表现为所有权和经营权合二为一、劳动和管理合二为一以及消费和生产合二为一，这些本该分离的粘连因素在创业初期可以在一定程度上提高组织内部的管理效率。首先，家族中的核心人物具有很高威望，奠定了深厚的"人治"基础，创造了良好的"人缘"氛围，受"家庭"化潜在意识的影响，可以降低企业中成员可能发生的道德风险，员工往往会自觉服从企业主的权威，提高生产与组织管理的控制效率。其次，在企业成长的初期也就是企业原始资本累积阶段，基于家庭规模围度的企业管理幅度对企业成长有推动作用，这种管理边界的确立可以使员工与管理者之间信息传递效率高、信息对称、管理层次分明，能够有利于提高决策的执行效率，体现决策的正确性。再次，家族中与生俱来的血缘关系能够产生强大的凝聚力，同时也能够使企业激励措施中的正效应最大化。一方面企业的成员受"家族"化的影响，通过长期的共同生活形成了共同的价值观，他们相互了解，在企业成长初期便能够在消耗较低成本的基础上达成共同目标，彼此信任且摩擦较少；另一方面，家族成员在生产经营过程中完成其共同目标的向心力会被家族天然的血缘性无限放大，这在无形当中就能够增强企业的凝聚力。

5.2.4 中国私营企业的制度特征对企业成长的制约性

从表5.2的调研数据我们可以看出，截至2010年我国私营企业500强中非家族企业的数量为285家，占私营企业500强的57.0%。从经营效益上来看，非家族企业的销售净利率和资产净利率分别为 5.64% 与 6.56%，分别高于家族控股企业 0.48 个百分点和 0.11 个百分点。由此可见，尽管家族企业可以通过其成员之间特有的血亲关系以及相关的社会资源相对快速地跨越创业初期的资本原始积累阶段，但随着企业不断成长，对资本、内部管理水平、外部资源信息的需求越来越大，就使得原来以"三缘性"和家族化为特征的私营企业制度结构难以满足企业进一步成长的需要，促使私营企业突破原有的内源性制度适应边界。具体来说，中国私营企业制度特征对企业成长的制约性主要体现在以下四个方面。

表 5.2　　　　　　　　2010 年私营企业 500 强控股权类型绩效对比

控股权归属	企业数量（家）	占 500 强的比重（%）	销售净利率（%）	资产净利率（%）
非家族	285	57.0	5.64	6.56
家族	169	33.8	5.16	6.45

资料来源：黄孟复．中国民营经济发展报告 No.9［M］．北京：社会科学文献出版社，2012：136.

第一，产权制度方面。首先企业掌握产权的主体过于单一，私营企业产权主体的单一性主要是由于产权制度家族化与亲缘性的特征所决定的，通常情况下，在私营企业建立与成长初期产权关系是以血亲脉络为基础，基本集中于某一家族或家庭中，由家族核心人物掌握。产权主体的单一性容易导致企业管理的集权化，当然这种产权结构在企业创业初期对企业的成长能够释放一定程度上的正效用，但伴随着外部市场环境的不断变化以及企业自身规模的不断扩张，它终将成为企业可持续成长的桎梏性因素。其次，企业封闭化的产权制度不利于其与社会产权市场交易。私营企业产权制度安排所具有的三缘性与家族化特征，使得其产权的界定有着天然的封闭性，界区排他性。这不仅增加了私营企业的融资成本，还提高了私营企业产权进入社会交易市场的门槛。当企业的成长需要更多的资金注入时，产权过于封闭化的缺陷就显现出来了。再次，企业产权界定的不清晰性不利于产权制度的高效运行。产权界定的不清晰使产权的激励与约束功能减弱甚至消失，知识企业低效的经济活动增加。私营企业产权界定的不清晰性主要可以概括为：其一，在"红帽"企业中，由于其表面名为集体企业实质为私营企业的特殊性，衍生了其产权界定的混乱，这种实际产权私有与法律产权集体所有的矛盾的不可调和性为企业后期成长过程中利益分配易产生纠纷埋下了隐患。其二，在私营企业中，由于创业初期并没有明晰资本产权在企业成员（通常为家族成员）间的界限，这种产权界限的模糊性直接导致了当企业规模扩大、资产愈加丰厚时的利益分割矛盾，不利于企业的可持续成长。其三，人力资本产权没有科学化的制度保障，人力资本运行的效率不高。

第二，组织制度方面。伴随着国内市场竞争的不断加剧以及中国市场与国际市场的日益接轨，私营企业组织制度的诟病在其成长的过程中渐渐凸显，具体表现为：企业组织机构权责划分不科学，权力与责任条件性缺失、权责不对等的现象时有发生；企业监督机构傀儡化，没有体现出监督价值；权力过于集中，基本归于上层所有，下属参与决策的程度低，几乎丧失自主性，不利于释放创造潜能，领导层和非家族员工的天然屏障导致其交流、沟通不畅；企业没有搭建出科学的组织结构，导致信息在传递过程中难以保真。

第三，管理制度方面。中国私营企业独有的制度特征对现代企业管理制度的建立起到了阻碍作用，家族化与三缘性的经营理念渗透在管理制度中使其渐渐走向了集权化的管理模式，不能否认，在企业成立初期，集权化管理的正效用大于负效用，可以提高企业的决策与管理效率，但随着企业的成长这种集权化管理的不适应性就逐渐呈现出来：首先，集权导致决策过程中非理性化可能性的增加，在这种模式下，企业决策的成功几率往往受企业业主个人资质与理性的限制，缺失科学性。在一些创业初期成长比较快的企业里面，企业主在所取得的辉煌成绩面前往往自信心不断膨胀，从而在决策上容易陷入"经验主义"与"心智模式"等不科学的误区。其次，与企业的组织结构相似，当企业的权利过分集中在业主手中时，难以建立起科学高效的内部治理结构，由于责任与权利的失衡，管理层的决策管理行为易于"失控"。再次，企业个人化。在企业的经营管理过程中，人是最不稳定的因素，如果一个企业只依靠领导者或者几个核心管理者来完成日常生产经营活动，往往会使企业对其中个别个体产生强烈的依赖性，增加企业经营的风险。

第四，中国私营企业依赖性强。当今中国的私营企业在制度安排上存在三缘性与家族化的特征，这致使它们对环境及政策有着很强的依赖性，具体体现在：（1）私营企业对宏观经济环境的变化敏感度要比其他类型的企业要高。在我国，如果大经济环境步入低迷期，会相应引致多数私营企业陷入生存囹圄。（2）我国私营企业对地方政府支持需求弹性较大，即多数私营企业在发展过程中都一定程度上接受了地方政府的支持与保护，所以一旦这层保护壳消失，企业一时间就会表现出一种无所适从的状态。

5.3 中国私营企业制度结构变迁的供求分析

5.3.1 中国私营企业制度结构变迁的需求分析

企业制度结构变迁的需求主要来自要素和产品相对价格的长期变动、企业规模、制度环境三个方面。

第一，要素与产品相对价格的长期变动是诱导企业制度变迁的因素之一。这是因为当某种产品或要素因为某种原因稀缺而导致其相对价格上升时，该产品或要素的所有者从他的有专有权中获取的收益大于保护这种专有权而支付的成本，产权制度的建立就会成为迫切的需要。[1]

---

① 袁庆明. 新制度经济学 [M]. 北京：中国发展出版社，2005：276.

第二，企业规模。当私营企业完成了资本的原始积累以后，创业时期的企业制度结构难以满足企业成长的需要，使其无法实现规模经济，进而衍生出对新制度安排的需求。对于中国的私营企业来说，大多数是家族企业，即便选择了现代公司制度组成了有限责任公司或者股份有限公司，其企业也是由所有者与家族成员控制主体股份，而这种企业在发展到一定程度时，就很难再进一步发展达到规模经济的要求，此时就需要选择更合理的制度安排形式。

第三，制度环境的影响。林毅夫曾经说过制度结构中的每个制度安排之间都存在着千丝万缕的关联，其中任意制度安排的变迁都可能引致其他制度安排产生制度变迁的需求。如在苏南模式的制度变迁中，随着企业成长与私营企业制度环境的逐步完善，许多私营企业纷纷摘下"红帽"脱离原挂靠单位进行制度变迁就是一个例子。

5.3.2 中国私营企业制度结构变迁的供给分析

目前我国私营企业进行制度变迁所面临的供给不足主要体现在以下三个方面：

第一，来自私营企业主体的变迁制约。我国的大多数私营企业都是家族制企业，或类家族企业。所以私营企业制度变迁的主体就是家族企业的业主，通常也就是家族"族长"这一"经济人"。一般情况下，制度变迁的结果都会对企业所有者在企业的权利分配问题上产生影响，所以当一项企业制度虽然符合企业本身的成长与发展需要，但却可能对企业所有者（业主与家庭、家族成员）的既得利益产生损害时，企业所有者（业主与家庭、家族成员）就排斥这项制度变迁的发生，导致制度变迁供给不足。

第二，"家"意识为核心的企业文化制约。"家"意识是中国私营企业文化的核心所在，现实的经济生活中"家族意识"已在国人心中根深蒂固。我国私营企业以企业主为核心，由亲及疏、由近及远的差序格局式企业制度，正是由中国家族文化的土壤孕育出来的。在这种文化背景下，中国创业者会不自觉地把家族意识带入到企业的经营管理中，去支撑企业的成长与发展。这种传统的文化观念在一定程度上对企业的制度变迁产生了障碍，影响了企业制度变迁的供给。

第三，制度环境的制约。由于受特殊的历史原因与意识形态的影响，我国关于私营企业的法律法规建设相对滞后于私营经济发展的需求，私有财产还需要进一步在制度环境中得到更全面的保护，正是由于这种现状使得许多业主难以作出决定，通过制度变迁将企业转成股份融入资本社会化进程，这也就在无形中阻碍了中国私营企业制度变迁的发生。

第四，人才市场不成熟的制约。在我国企业制度变迁所需要的职业经理人市场发育相对不成熟，在短时间内很难形成统一、有序、公平竞争的有效局面，优秀的职业经理人供不应求。这种局面一来是因为当前对人力资本市场的建设不足，缺乏有效的市场机制可以让私营企业能够寻找到适合企业自身发展的职业经理人。二来因为中国目前人力资本市场的不健全使得经理人产权供求双方不信任，一方面企业想要提高运营效率改变管理不善的现状，需要优秀的职业经理人进驻企业，但又因为缺乏有效的选择机制与评估机制会对所聘人员的价值和对企业的忠诚度产生疑虑；另一方面职业经理人也会担忧自己的价值无法在企业中得到真正的实现，而难以将企业的发展当成自己的事业奋斗，所以最终结果就是双方无法就此达成契约，从而在一定程度上影响了我国私营企业制度变迁的供给。

通过将制度变迁供求模型中的变量因素具体化到当前中国私营企业成长与发展的现实中去可知，从总体上来看，我国私营企业制度结构变迁的制度需求大于制度供给，即当前私营企业的制度结构已经满足不了其成长与发展的制度需求，中国私营企业需要通过制度创新来突破原有的内源性制度边界，实现其进一步的蜕变，以保证私营企业的可持续成长。

第 6 章

美、日私营企业比较制度分析及
对中国私营企业成长与
制度创新的启示

发达国家的私营企业已经有百年的发展历史，在企业制度变迁与创新方面积累了非常丰富的经验，而美国与日本的企业在当今国际市场上具有很强的竞争力，这在很大程度上都依赖于它们成熟的企业制度，因此在研究我国私营企业成长与制度创新的问题时，有必要对发达国家企业制度进行比较分析，以期为我国私营企业制度创新的路径选择提供可行建议与有益启发。

6.1 美国与日本私营企业股权结构比较制度分析

6.1.1 美国私营企业股权结构特征及其对公司治理的影响

由表6.1我们可以看出，美国企业的持股以个人持股与机构持股为主。美国私人投资股票非常广泛，占公司股份结构的将近一半左右，其次就是以各种类型的保险与基金为主的机构投资。所以总体上看美国企业股票持有结构的特殊性导致了其产权结构的分散性，美国企业股东数量多且分散，单个股东持股十分少见，即便存在所持股票份额也很少，一般不超过5%，在世界上是股权集中度较低的国家，所以美国企业产权结构也呈现出分散化的状态。并且美国企业股权流动性强、结构稳定性差，这同样也是由于美国企业以个人持股与机构持股为主的股权结构造成的，一方面个人股东持股的目的是为了追逐股息与股价差额收益，而这需要股权不断在市场上流通才能够得以实现，另一方面机构投资者只是在组织形式上与个人股东不同，但其实质与个人股东并无一二，作为私人投资者的代理方，机构投资者同样受到股权终极所有人也就是个人股东们追求获取短期利益的制约，而必须不断改变投资组合来分散风险进而实现基金的增值，这同样需要股权在市场中通过交易来实现，所以，个人与机构投资者持股的短期偏好使股票交易十分频繁，而美国企业又是以个人与机构投资者持股的股权结构为主，这就最终导致了美国企业具有股权流动性大，股权结构不稳定的特点。

表 6.1	美国上市公司股票持有结构表			单位：%
	1989 年	1990 年	1995 年	1996 年
居民	50.75	49.73	49.66	47.37
保险公司	4.98	5.04	5.86	5.80
私人养老基金	15.94	16.81	13.71	13.33
退休基金	7.84	8.31	8.87	9.40
投资基金	6.99	7.08	12.65	14.88
其他	13.50	13.03	9.24	9.22

资料来源：杨玉秀. 美日企业的发展模式比较分析 [J]. 环渤海经济瞭望, 2013 (9)：52.

美国企业股权结构对公司治理的影响主要体现在三个方面：第一，分散的股权结构使得企业约束机制与内部监控的相对乏力，形成了弱股东、强管理者的格局。首先，对分散的个人股东而言，他们关注的只是自己投资份额的最大化收益，不具备能力也缺乏动力来参与企业的经营管理。其次，对于投资机构来说，追逐利益的天性尤其是追逐短期利益的偏好使其与分散的个人股东一样更注重的是资本实际增值而不关心企业内部经营管理的状况，而且单一的机构投资者由于所持股权比例少，拥有的决策权与发言权力度微弱，几乎无法对企业经营管理产生影响，通常情况下他们只能通过股市价格的起伏施压于经理层。总之，美国企业股权结构的分散性导致了内部人管理控制问题，使股东对公司经营管理者难以形成直接有效的约束与监督。第二，由于美国企业股权结构的特点使其难以建立起有效的内部监督机制，所以美国企业内部的治理主要以激励机制为主。股权结构的分散高度分离了企业的所有权与经营权，但在一定程度上也加大了企业监督的难度，带来了内部人控制问题。而想要使分散的小股东能够对企业形成有效的约束与监督，成本就会非常高，而企业作为经济行为主体，追求的是实现利润最大化的目标，所以在处理由内部人控制带来的运营失效问题时，势必会从节省成本的角度出发选择弱监督强激励的手段，因此美国企业设计了许多报酬与奖励的制度安排，其中最具代表性也是效果最明显的就是对企业管理层实行股票期权奖励制度，通过赠与或低价售予管理人员公司股票期权来将其利益与股东利益绑定，达到激励管理层以企业盈利为导向进行经营活动的目的。第三，分散的股权结构使美国公司主要依靠外部市场对企业进行监督，从而形成了有效的企业外部市场治理。首先，分散的小股东无法承担相对高昂的监督成本，而美国的资本市场十分发达，所以当他们对公司的经营不满时表达自己权利的方式就是利用在股票市场上的股票买卖来对经营者的绩效进行评价，以企业股票价格的起伏对经营者施加压力，影响公司的经营决策，形成了通过资本市场间接监管为特色的美国公司治理结构。其次，美国的经理人市场十分发达，分散和流动的股权结构使代理人市场的竞争异常激烈，一方面经理人经营业绩的好坏会直接影响到他自身人力资本的市场价值，另一方面基于企业股权结构的分散性与流动性，可以使积极激进的股东通过购买分散股代理投票权的方式来挽转企业危机，这就在一定程度上抑制了企业内部管理者控制问题发生的可能性。再次，股权的高流动性带来了控制权市场竞争的愈加激烈，使企业的经营者不得不努力提高公司收益，降低公司被接管与收购的可能。

6.1.2 日本私营企业产权结构特征及其对公司治理的影响

日本在第二次世界大战战败以后，在美国管制下于 1948 年 9 月开始实行土地改革、劳动改革、解散财阀的三大民主改革，使原来的家族财阀被强令解散，转让和处置了这些公司的资产，实现了股权分化，个人持股比重曾一度达到近 70%。但到了 1953 年，日本政府对"禁止垄断法"进行了修改，放宽了持有竞争关系的公司股份的限制，一时间与私人财阀并无一二的大企业集团又纷纷出现，日本的经济重新被大企业集团控制，垄断程度堪比战前的状态。据统计在 1986 年的日本，企业法人持股与个人持股比重分别达 70.8% 和 22.2%，法人持股再次成为日本企业股权结构的主体。日本企业的法人持股，以持股主体为划分依据进行分类主要可以分为两种类型：一种是以大企业为核心的事业法人持股，一种是包括银行、保险公司等的金融机构法人持股。除了法人持股之外，日本企业的股权结构特征还体现在企业法人间的相互持股。具体表现形式有二：一是锥型相互持股，20 世纪 50 年代中期，日本在运输、制造、贸易、电信等行业形成了近 40 家产业型企业集团，这些产业企业集团都构建了自己强大稳定的母公司，这些母公司会直接拥有它自身子公司和关联公司的大部分股份，并对其实行垂直领导，形成了联系紧密的垂直型产业集团生产体系，同时这个体系中的大多数子公司与关联工业也会持有母公司股票，进而形成了垂直锥形的相互持股模式；另外一种是环形相互持股，20 世纪 50 年代中叶出现了以三井、住友、三菱等为代表的六大企业集团，并且日本的各大银行业也归属于这些企业集团，由此逐渐发展形成了以金融机构为中心，银行与企业、企业与企业之间的交叉环形持股模式。

从表面上看造成日本企业股权结构特点的原因始于 1953 年，在 1953 年日本政府对"禁止垄断法"的修改使得大企业集团重新出现，到了 1960 年日本通过了贸易汇兑自由化计划，开始对外开放贸易与汇兑，20 世纪 60 年代中期，日本出现了证券危机使得银行贷款买入了大量股票并将其冻结，虽然后来股市得到复苏，但为了防止外国公司通过购买股票吞并日本的公司，被冻结的股票大多数都卖给了日本国内稳定的大股东，形成了集团内部或集团间和有关系的银行等金融机构相互持股的格局，个人持股率持续下降。但是从根本上来说，造成日本企业股权结构特点的原因是主观上"稳定股东"的政策倾向与客观上日本的融资体制尤其是证券市场的不发达共同作用的。日本特殊的企业股权结构中，法人之间的交叉持股使得企业间存在着强大的依存关系，这种依存关系在一定程度上抵消了企业股东对企业的影响，所以在日本企业中，大多数经营方针与策略都是由经营者制定的。并且日本企业法人股东的相互持股，是为了维持企业的稳定经营，而并不在于通过股票在资本市场的买卖来获取差价收益，所以企业轻易都不会抛售股票，这就使日本股票市场几乎不流通，股票价格也虚高，进而导致了日本国内企业与国外企业都鲜有通过交易股票的方式实现企业兼并的案例，企业间都心照不宣地达成共识长期相互持有对方股票，成为彼此相互稳定的股东，使得日本企业的股权结构稳定性很强但是流动性却很低，虽然这种状态在一定意义上的确避免了由恶性吞并带来的资源浪费，但企业股权结构的封闭与呆滞使企业的成长与发展都依靠自身的力量，除了银行之外其他的企业外部因素很难对其施加影响，在一定程度上增加了企业生产经营的压力，不利于资源的优化配置。

日本企业股权结构对公司治理结构的影响主要体现在四个方面：第一，股东大会流于形式。在日本企业中几乎不存在个人股东也就自然谈不上它在企业控制权体系中的作用，在日本企业里面真正拥有控制权的是金融机构与法人，但是由于日本企业法人的相互持股使股东的影响力被这种关系抵消，所以单个的法人大股东对于企业方面提出的议案基本不加以反对，使得在一般情况下，经理层享有较大的自主权利，居于公司权利的中心，进而就导致了企业的股东大会流于形式。第二，日本企业的银行相机治理机制。对于日本的企业来说银行具有股东与贷款人的双重身份，对企业的经营活动行使着股东监督与贷款人监督的双重监督权利，具体表现为：一般当企业经营业绩稳定时，主银行不会干预企业事务，但是当企业经营出现了问题，主银行就会通过行使自身权利来扭转局势，有时甚至会改组企业管理层。第三，形成了有效的内部激励与约束机制，上文提到日本股权结构的特殊性导致了其股权几乎不流动，相应也就不会存在资本市场对企业的外部治理。日本企业股东持股并不是为了追逐股票在市场上的差价收益，所以股票价格对管理层的约束也基本不存在。因此对于日本企业来说，企业的治理主要依靠的是内部的激励约束机制，例如日本企业的年功序列制、终身雇佣制和业内公会等。第四，证券市场发展的相对滞后。日本企业股权结构的特点破坏了证券市场的运行机制，弱化了证券市场的功能，大量存在的稳定法人股东伤害了股权的流动性，他们利用并操纵股票市场，通过相互持股与稳定股东的存在使股票价格虚高，偏离了真实价值，大大削弱了证券市场对企业经营者的制约与监督作用。

通过对美国与日本企业产权结构的比较制度分析可知，美国企业产权结构主要是以个人与机构投资者持股为主，股权资本分化且流动性强，它的优点在于资产的流动能力好在一定程度上降低了投资者的风险，其缺点在于容易造成经营者管理行为控制企业的局面。日本企业的股权结构特点表现为法人持股与法人间的相互持股，这种结构最大的优点在于可以实现企业股权稳定并使经营目标长期化，不足之处在于股权的封闭与呆滞无法形成对管理层有效的监督与约束。总而言之，发达国家企业的股权结构决定了其产权制度效率是否能够达到优化资源配置的要求，也正是由于产权制度的不同，使得企业的组织制度与管理制度也都相应不同，因此产权制度比较分析是美国与日本企业比较制度分析的关键所在。

6.2 美国与日本私营企业治理结构比较制度分析

现代企业的组织结构主要体现在董事会的设置上，对于现代企业制度来说董事会的设置是公司治理的核心部分，它的好坏可以直接影响到企业制度结构的运行效率。不同的国家、不同发达程度的资本证券市场与不同的企业产权结构会导致董事会的构成与作用也不尽相同，从而形成了不同的企业治理模式与组织制度安排。

6.2.1 董事会的设置与职责

董事会的设置主要包括董事会的结构划分以及董事会组成部分之间的关系。董事会结构划分的方式有很多，本章讨论的是以董事会的独立性为依据来划分的董事会结构，根据此种方式可以将董事会分为执行董事与非执行董事。执行董事通常也称为内部董事，一般情况下由企业的经理层出任，他们参与董事会决策并在自己的管理岗位上将决策执行下去。非执行董事也称为外部董事或独立董事，通常是企业从外部聘请的具有专业知识与技能的管理人员。总体上说，董事会在企业治理中作用的差异就是由执行董事与非执行董事在董事会中所占比例的不同而决定的，不同的执行董事与非执行董事的比例会导致董事会的决策方式、执行特点以及权力制衡机制也都不尽相同。

学术界对董事会的职能存在着不同的认识，但大体上都认同战略决策与监督控制是董事会最主要的职能。战略决策职能是指董事会有责任规划企业发展方向、选择企业发展路径、组织技术创新与制度创新提高企业绩效与竞争能力、实行风险控制等关乎企业生存前景的重大事项；而就董事会的监督控制职能而言，代理理论强调了董事会控制功能的重要性，认为董事会的重要职能之一就是监管控制企业的日常经营活动：如了解管理层的内在经营动机，通过对经营管理的监督与绩效考核来设计利润分配方案等，目的是为了减少代理成本维护股东的利益。总而言之，从宏观上看董事会就是企业所有者与经营者之间的平衡机构，企业以此来确保管理层能够遵循已经制定通过的战略计划，实现企业可持续成长，满足企业股东也就是所有者的利益需要。

6.2.2　美国私营企业的组织结构制度

美国企业是"单层制"的董事会，也就是说董事会是经营业务的决策与监督机构，由 CEO 主管的高级主管委员会是经营业务的执行结构，不设立单独具有监督功能的监事会。具体说来美国企业具有自己的组织结构特点，表现在三个方面：第一是美国企业的董事会依据职能与职责的不同进行了分类，设立了不同的委员会，将董事会的职责落实到了某个人或某些人身上，在一定程度上提高了董事会的工作效率。并且，美国企业的提名委员会、设计委员会与报酬委员会中必须有外部董事，这就意味着外部董事可以参与到公司的日常经营中去，并有机会与内部董事就公司的董事长与 CEO 能力、经营状况、报酬等能对企业发展产生关键影响的问题进行及时的沟通与意见交换，有利于外部董事对企业运营状态形成有效的判断。第二，董事会的独立性较强，外部董事的比例较高。外部董事不仅拥有专业的知识背景与丰富的实践经验，还拥有先天的独立性，美国企业有近75%的董事会内有超过一半以上的外部董事，这种结构有利于维护外部董事经营判断与决策的客观性与公正性，能够使其更好地维护股东利益。第三，美国企业的董事长与 CEO 通常设置为同一人。

美国企业董事会的组织结构是以较高的独立性与权力制衡的相对平

衡性见长的，这是它的优点。它的缺点在于它治理功能的相对弱化，造成这个缺陷最主要的原因有四：第一，是由美国企业股权结构的分散性带来的。个人股东主要关注的是股票价格的涨跌以及收益差价，所以他们不在乎企业的决策与管理者的经营行为是否有效，从而形成了与董事会之间的一种"搭便车"的关系，在这种情况下，如果董事会失去了独立性就会使其沦为经营者的"盖章"工具，在公司治理中失去存在的意义；第二，是由美国证券市场的高度发达带来的。美国证券市场的高度发达使得市场在公司治理中充当着重要的角色，扮演了本应由董事会在这方面该扮演的角色，造成了其治理功能的相对弱化；第三，是基于外部董事信息不对称造成的职能上的偏失，带来的董事会治理功能的相对弱化。美国企业的组织制度结构是以外部董事为主的类型，这种制度安排是源于美国企业对董事会的独立性以及对股东利益忠诚度的特殊要求，这种要求使得董事会在整体上更倾向于"看门人"的角色，尽管美国企业的提名委员会、设计委员会与报酬委员会中都安排了外部董事，外部董事也能够参与到企业的经营管理中去，但与经理层相比他们仍然对企业日常经营管理的状态以及企业运行的细节等方面处于获取信息不对称的不利地位，导致了以外部董事构成为主的董事会对企业的监督与治理的力度不够，掌握企业决策权的仍然是经营者管理层；第四，是由于董事长与 CEO 职位叠加于一人身上带来的缺陷。在企业的委托代理关系中，一般情况下全体股东的利益是由董事长（也有可能其本身就是企业股东）代表的，这是由他委托人的身份决定的，而作为代理人CEO 的经营行为却往往是从自身角度出发，首先考虑的是如何在日常经营中扩大自己的权利、稳固自己的地位、增加自己的收入，其次才会考虑如何使公司价值最大化和使公司的股价不断上升。让 CEO 同时兼任董事长，一个人全面掌握企业董事会的日程安排、讨论事项以及公司具体业务的执行，就很容易混淆其中的监督与被监督的关系，使自己陷入监督逻辑混乱的状态。

　　总之，美国企业董事会的优点是权力制衡机制相对完善、独立性高，缺点是治理功能弱，仍然由经营者掌握着企业的实权。

6.2.3 日本私营企业的组织结构制度

日本企业的组织制度与美国不同，是以内部董事即执行董事为主的结构类型。通常企业会在内部董事中选举一名或多名对外代表企业的代表董事称为社长，其余的内部董事作为非代表董事，以社长为首组成常务会。虽然日本商法规定企业董事会拥有经营决策权，代表董事对外代表企业对内负责董事会决策的执行及执行监督。但是在实际经营中，企业的经营决策一般由代表董事与执行董事共同决定，董事会只是一个流于形式的空壳会议。这主要是因为：第一，日本企业股东大会的有名无实在根本上决定了董事会职能的无法释放。前文已经提到，与美国企业股东大会相比，日本企业法人相互持股的股权结构导致企业股东大会基本上形同虚设，虽然日本公司法也赋予了股东大会至高无上的权利，但在经营过程中还是由执行董事也就是经理层操纵着实权。像在美国或者德国，企业的股东大会持续时间都比较长，三五个小时是十分常见的事，有的甚至会持续一天或更长时间，股东或者股东代表会在股东大会上就企业运营状况向经理层提问，并根据回答作出相关判断。而日本企业的股东大会整个过程非常短，通常只持续 30 分钟左右，主要内容一般是由经理层以陈述的方式汇报企业经营状况，企业股东通常也不予以责问，如果需要股东投票的情况，也是委托票，并且大多数的委托票也都委托经理填写。第二，日本企业的董事会成员中少有股东董事，基本上都是由专业的管理人才构成。据 1997 年对日本企业董事会成员构成的调查数据显示，董事会成员中的 37.4% 是因为拥有相关专业知识而被选进的，因为拥有生产技术方面的知识被选进的占总数的 16%，因为拥有事务判断能力被选进的占 11.4%，而因为是股东进入董事会的只占总体的 9.4%，这一比例在大公司内占的更低只有 3.9%。由此可见，日本企业董事会的构成中占主要部分的是拥有专业经营管理知识的执行董事，股东并无法直接拥有经营决策的权利。第三，与美国或其他国家不同，日本企业的法人股东一般不派代表参加董事会或者常务会来积极参与公司的经营或者对公司的运行进行监督治理，这主要是因为日本企业的产权结构特点之一是法人间的相互持股，如果有一家法人股东参与董事会的事务，那么其他的法人股东也会同样效仿参与董事会事务干预公司经营，这样被相互持股抵消的持股影响带来的平衡性就被打破了。第四，日本企业中的外部董事非常少。在美国，企业中的外部董事多于内部董事，且拥有代表股东独立监督经营者的权利。而在日本企业的董事会中外部董事非常少，董事会基本上由内部各级经理所出任的执行董事构成，董事与经理的双重身份带来的职能矛盾使得他们基本不会对 CEO 提出质疑，这主要是因为他们虽然作为董事代表股东的利益有对 CEO 进行监督的职责，但是他们同时还是经理在企业的日常经营中处于 CEO 的领导之下，由 CEO 任免。所以尽管执行董事们拥有向 CEO 提出质疑的权利，但在实际当中几乎有很少人会动用这个权利，因为被执行董事质疑的 CEO 被免职的可能性相对较小，而提出质疑的董事则会承担很大的风险被 CEO 取消职位。

总而言之，日本企业的重大决策都是由经理层策划并在公布前与股东层协商完备的，董事会只是满足所谓现代公司组织结构而构建的流于形式的躯壳，在董事会上几乎看不到真正意义上的讨论，有的都只是仪式般的例行公事，因为一般情况下重要的议题都已经由常务会的经理敲定并在董事会召开之前把会议内容的决议草案拟好发布下去了，在董事会上只是取得事后的承认或全体一致同意的形式化结果而已。

通过对美国与日本企业组织制度比较分析可知，美国企业董事会内部设立多个专门委员会且外部董事多于内部董事，董事长与 CEO 为一人。董事会职能中治理职能相对较弱，企业由经理层掌握决策权，造成这种局面主要原因一是因为股权的过于分散化造成的，二是因为美国高度发达的证券市场带来的，三是因为占董事会比例较大的外部董事有信息不对称的职能行使障碍造成的，四是因为董事长与 CEO 职务上合二为一的缺陷而带来的。而对于日本企业的董事会结构而言，真正掌握实权的依然是经理层，董事会职能的形式化、权利的空心化是因为企业产权结构导致的股东大会形式化、股东董事偏少、外部董事极少以及产权结构中法人股东的交叉持股结构使其不便于参与企业经营与企业监督等因素共同作用造成的。综上所述，尽管两国文化基础、企业制度与制度环境都不相同，但就其现实来看美国与日本企业组织结构中掌握企业实权的都是经营者即经理层，两国董事会都没能完全实现其真正的职能作用。

6.3　美国与日本私营企业治理机制比较制度分析

6.3.1　美国私营企业管理制度

1. 美国私营企业管理者的激励与约束机制

美国企业对经营者的激励主要集中于物质方面，通常采用高薪或股票期权的方式实现。其中高薪由工资与奖金构成，工资指的是不与企业业绩挂钩，经营者在单位会计年度区间内获得的一笔基于自己为企业所创绩效的佣金。早在 1997 年的美国投资者责任研究中心（IRRC）的研究数据表明，美国企业的经理层也就是经营者的工资总额在不断地提高。奖金是指以设定业绩目标完成程度为基础而支付的一种佣金，这里对业绩考察的标准通常通过每股收益、销售额、公司利润等财务指标来衡量，根据 1997 年美国投资者责任研究中心（IRRC）的研究表明，一般规模越大的公司奖金增长的幅度越大。另一种激励方式股票期权是指经营者（通常是经理层或更高级别）拥有以一定价格购买公司股票的权利，如果这些股票的优先股股价上涨，那么这些股票的价格也会相应上涨，但如果其优先股的股价不上涨，那么这些股票期权也就不存在任何价值。具体来说就是对持有者而言，在股票期权行权之前是没有任何收益的，股权期权的具体收益是行权日当天股票市价与行权价之间的差额部分。而根据股票定义可知，股票的价格是其内在价值的体现，也就相当是未来收益的现值。所以通过这种股票期权的激励方式就将经理层个人利益与公司未来发展紧密地结合在了一起，也正是基于股票期权的这种特殊属性，其往往被视作为管理者利益与股东利益的最佳黏合剂，使公司的可持续成长与利润最大化成为经理层与股东共同的目标。

　　前文中已经讨论过美国企业股权结构的分散化决定了其股东大会与董事会难以对经理层产生有效的约束机制，所以对于美国企业来说对经理层的约束主要来自于外部约束，具体来讲主要通过代理权争夺、经理人市场、公司控制权市场等几个途径得以实现。首先是代理权竞争，代理权竞争被认为是一种股东约束企业经营者最有效的工具之一，具体是指对当前企业的管理层持有异议的股东为了投票选出新的管理层或推翻管理层决议而去获取代理权委托的手段，这种手段成本较低且能有效改变或者影响公司控制权，所以是对经营者管理层约束的重要途径。其次是发达的经理人市场，美国十分活跃的经理人市场对企业经营者的管理行为产生了强有力的约束。主要体现在，一是经理人市场较为发达，能够相对准确地反映出经营者的人力资本价值，潜在地降低了委托代理成本，企业不会担心找不到优秀且适合自身企业发展的经营管理者，这种经理人市场激烈的竞争性使企业的经理层处于被市场评估的压力之下，在无形中约束了企业经营者的经营行为；二是美国经理人市场交易合约的长期属性加强了经营业绩与名誉对管理者的重要性，因为经理人市场交易会根据人力资本过去的表现来计算他的价值，所以对于每一个管理者来说都不愿意冒风险自毁前程而是自觉地将企业的长期利益与自身的利益结合起来。再次是公司控制权市场。主要是指上市公司的控制权可以通过市场以收购、接管、兼并等方式进行交易。公司控制权市场对企业经营者的外部约束主要体现在：其一，因为控制权市场的存在，业绩不好的公司很有可能被收购、兼并或者接管，通常这些企业的经理层也会相应被解散，所以对于他们来说控制权市场的存在无疑是一种约束，经营者为了自己的利益也会较好的考虑广大股东的利益，与企业共进退；其二，公司控制权交易行为具有一种惩戒效应，通过公司间的收购兼并等行为可以替换企业中业绩不好或者有机会主义行为的经理人，使被收购兼并的公司管理活动走上正轨，这在一定程度上是对经理层低效经营管理行为的一种有效监督；其三，控制权市场也是考核企业经理层经营业绩的主要平台之一，是经理人市场的有益补充。

2. 美国私营企业员工的激励机制

美国的劳动力市场几乎接近完全竞争，从企业的角度出发这可以使其较快地在劳动力市场上找到所需要的员工；从员工的角度出发，近似完全竞争的劳动力市场会使自己外部选择的机会增多，导致企业员工的流动性较强且与企业缔结的雇佣关系多以短期为主，进而使得美国企业员工追加自身人力资本投资的意愿不强，从长远看不利于企业的成长与发展。所以，美国企业为了减少员工流动性，实现企业可持续成长就势必要建立起有效的员工激励机制。美国企业的员工激励机制主要包括：报酬机制、员工持股计划、员工自我管理与工会协作等。

美国员工报酬由基本工资、激励工资与福利金三部分组成。基本工资是指根据工作职位、岗位测评与市场因素共同确定的相对稳定的工资报酬，在一定程度上可以体现工作职位的等级，表现形式通常是以针对蓝领员工的计时制与针对白领员工的月薪制出现，一般情况下公司的员工只要能按时上班并完成工作就可以领取基本工资。刺激性工资指的是员工以高于规定水平的劳动生产率完成工作所获取的报酬，这是一种与个人能力与业绩密切相关的报酬形式。基本工资可以看做是以吸引合格员工并把他留在企业为目的，那么刺激性工资则可以看做是以提高员工工作积极性为企业创造更多价值为目的。美国企业刺激性报酬的表现形式有很多，例如计时工资、计件工资等。通常情况下个人绩效容易量化与竞争相对激励的岗位与行业更倾向于采用刺激性报酬，例如销售人员的工资就是典型的刺激性工资。美国企业的福利金实质上是一种补充型的报酬形式，通常是由政府立法要求企业必须提供或者是由企业在政府要求之外自愿提供给员工的薪酬。福利金报酬的作用一是能够在一定程度上增加人力资本与公司的黏性，抑制员工流动；二是提高了员工的企业归属感，增加员工工作积极性。

美国企业的员工持股计划是指以相对优惠的价格出售一定数量的股票给企业员工。具体做法是企业定期抽出一部分资金存入为员工持股计划所设的信托基金科目，再由基金管理人或者员工持股计划执行委员会以年为单位（通常）购入一定量的公司股票，之后根据计划所涉及员工的工作绩效与年薪金额按照规定比例分配股票到员工名下，当员工离职或退休时可以要求企业将自己手中股票购回获取收入。这一制度安排的初衷是使员工能够共享企业利益同时也能共担企业风险。

美国企业的员工自我管理机制是指企业只为员工提供工作的进程安排、对工作成果的质量要求以及应该注意事项等，员工可以根据自己偏好自由安排完成工作与项目。具体来说员工自我管理的实现方式有三种：一种是员工工作的自我管理。美国一些企业对个人独立性比较强的工作如技术开发与研究或市场营销类，通常会充分授权员工个人进行自我目标管理，通过与相关的激励制度配合共同激励员工的主观能动性与创造性。另外一种是拥有自主权能够实现自我管理与指导的团队制。这种团队式的工作小组颠覆了传统组织中分工—监督—控制的模式，小组成员实行自我管理，一般通过平等民主协商进行决策，并树立与企业发展方向相一致的共同目标，将共同的利益与责任捆绑在一起，提高工作效率。还有一种是弹性的工作时间安排制度。这种制度允许员工根据自己需求与偏好自行安排工作时间，不必要遵守企业传统意义上统一的时间安排，这种做法有利于协调员工工作与生活节奏，进而提高员工的工作效率和对企业制度的消费效用。

除了上述三种激励制度以外，美国企业还与各种工会组织进行积极的互动，激励员工工作热情。美国工会大多数是以产业或者行业来组织的，所以数量不多但规模都很大，基本上形成了以劳联—产联为核心的工会体制。美国工会有着与其他国家工会不同的特点，主要表现在：第一，美国工会组织中几乎没有白领员工，所以美国工会是代表一般员工利益的工会；第二，会费由行业工会统一收取然后分配给各地方工会分支；第三，工会的工作人员是独立于任何企业的专职工作人员；第四，协调员工薪酬与生活开支，提高员工生活质量，改善员工工作环境是美国工会组织的主要目标；第五，工会会员的资格不会因为失业或更换企业而被取消。总体上看，美国工会的工作主要是通过代表与企业协商谈判，就工资、雇佣条件与工时等以前协商过或新发现的问题进行磋商，达成新的协议书面合同。通过工会与企业间的这种集体谈判往往会为企业员工争取到更多的权益，从而实现了对企业员工的激励。

6.3.2 日本私营企业管理制度

1. 日本私营企业管理者的激励与约束机制

日本企业管理者的激励机制主要包括报酬激励与事业激励。与美国企业的报酬激励不同，在日本传统"年功序列工资"的理念下管理者的报酬是与其工作年限、职务与绩效相挂钩的，通常来讲同一企业中管理者与普通员工的收入差别并不非常大，一般维持在 3～5 倍之间，而这一差别在美国企业体现的却特别大，有的美国企业管理者与普通员工之间的收入差别可以大到十倍甚至百倍。但尽管如此日本企业管理者的低薪却并没有影响其工作热情，主要原因就在于日本企业对管理者的报酬激励具有远期回报性。在日本，企业管理人员的退休金在其职业生涯的薪酬中所占比例很大，这就意味着日本企业管理者在工作时所获取的报酬是低于他的劳动价值的，而这部分被"扣除"的人力资本价值将在管理者退休后予以返还。也就是说，日本企业管理者这种报酬与人力资本价值之间的背离可以视为是管理者的一种养老储蓄或者是对企业的投资，但这种储蓄与投资是没有法律保护并存在一定风险的——作为储蓄，风险在于如果管理者中途跳槽那之前所储退休金企业并不会予以返还；而作为投资，风险则在于其最终返还金额是与企业当时的业绩挂钩，企业发展越好，在退休时管理者员工所返还的退休金就越高，这就使得以企业发展业绩为基础的退休金将企业的利益与经营者自身的利益结合在了一起，使经营者的目标朝向企业的快速可持续发展的目标靠拢。另外一种日本企业管理者的激励机制是事业型激励机制，主要包括职务晋升、荣誉董事、终身雇佣等方式，这种将管理人员个人与企业甚至与社会综合为一体的激励机制会产生一种长期的激励效应，使他们将企业的不断成长作为个人的奋斗目标。就如在日本规模较大的集团企业中，董事对于管理层来说是非常具有诱惑力的奋斗目标。企业董事意味着拥有更高的地位、荣誉、声望与待遇，他不再是一个普通意义上的雇员，而是一位可以出席董事会议并可以适当放宽退休年龄限制的员工。正是由于董事头衔的附属价值，为了实现这一目标，管理者就会十分认真地工作并注重在工作的过程中培养提升自身专业知识与技能的积累，将自己武装成价值更高、专业性更强的人力资本，以增加企业撤换经营人员的成本，巩固自己的位置。并且在日本，由于受终身雇佣制的影响，经理人市场并不十分发达，所以一般情况下管理者展示自己管理能力的平台只有本企业，别的企业很少有吸纳其他企业管理者的情况。因此对于管理层来说，为了维持自身人力资本的可持续性发展，唯一的选择就是努力工作，尽可能地维持与企业契约关系的连续性。总之，日本管理者的激励机制是由报酬激励与事业型激励相互作用共同完成的，这是日本企业获得成功并区别于其他发达国家管理者激励机制的关键因素。

日本企业经营者最主要的约束机制有两种：经营者的自我约束机制与主银行的相机约束机制。经营者的自我约束机制是由于日本企业的终身雇佣制导致日本经理人市场并不发达造成的，这使得企业管理者的流动仅限于公司内部而少在市场中出现，企业本身很难通过市场来招聘到适合的管理人员，所以就逐渐在日本企业内部形成了一套考察与选拔经营者的竞争机制，员工可以通过竞争角逐晋升经理层，但这种晋升并非永远固定的职位，他仍然面临着来自企业内部其他员工或经理的竞争压力，于是这就使得在日本企业内部形成了一个小型的劳动力市场，该市场中的竞争机制就对管理者形成了无形的自我约束；日本企业管理者唯一的外部约束机制就是来自于主银行的相机约束机制，主银行具有企业债权人与企业股东的双重身份，对企业经营业务涉足较深，是一股能够左右企业发展的强大力量，一般情况下为了维护自身的利益，主银行都会向公司派遣一定人数的内部董事来保持与公司稳定的联系，以达到及时地掌握公司运营状况，参与和修订公司经营决策与发展战略的目的。主银行在企业经营业绩良好稳定的状态时，只是在保持一定距离的基础上施以监控并提供必要帮助，一般不会干涉企业发展，但当企业的经营出现问题时，主银行就会行使权利召开股东大会或者董事会对经营者的低效管理行为采取措施，以维护自身利益。所以主银行作为日本企业中有影响力的大股东对企业管理层有一定程度上的监督与约束。

2. 日本私营企业员工的激励机制

日本企业的员工与经理层、董事、股东一样是被视为致力于企业发展的统一的职能团体。正是基于这种理念，日本企业员工的激励机制与美国外部市场化的激励机制完全不同，是一种建立在企业内部市场化基础上的激励机制。日本企业从人力资本价格的评估到人力资本的升值与贬值都是受企业内部市场化机制影响的。在这个过程中企业也逐渐形成了独具日本特色的"终身雇佣制"、"企业内部工会"、"年功序列制"、"岗位培训和岗位轮换"、"企业内部工会"等制度体系，这些制度有效地降低了员工的流动性、减弱员工在企业内部的摩擦、提高了员工的凝聚力、实现了员工与企业命运的软性捆绑，是一种对企业员工的有效激励。

日本企业的终身雇佣制是指大多数员工都能够从进入企业开始一直

工作至退休。日本企业的终身雇佣制并没有正式的契约规定，而只是企业与劳资之间存在的一种非书面化的默契，所以这种制度并没有得到法律的认可，也不是所有企业都实行的。但是不能否认日本企业有采纳终身雇佣制的倾向与习惯，这主要是因为一来大部分企业以及企业内的员工都认为从工作开始到退休为止在一所企业工作比较有利；二来日本企业长期以来都从应届毕业生中录取员工，如果在工作中没有出现重大过失基本不存在被解雇的可能。事实上日本企业即便是在发展遭遇技术变革或者产业结构升级等情况而不得不裁员时，也通常采用一些方法进行调度，尽量避免裁掉正式员工。总之，正是由于日本企业这种终身雇佣制的管理概念在无形中提高了员工的企业归属感，从而大大激励了员工的工作热情。

日本企业员工激励机制的年功序列制就是指企业内正式员工的薪酬每隔一段时间就会按一定比例给予涨提的惯例，职位同理也会相应有所调整。和终身雇佣制一样，这种员工激励机制也没有体现在企业与员工的雇佣契约上，被相应法律条文保护，而仅是作为一种行为惯例存在。并且年功序列制也并没有形成统一的制式规定，即规定具体工作时间与工资、职务之间的调整晋升关系。但是在日本企业中不同工龄下的工资水平是存在明显差别的，当然这也可以解释为该职位员工工作时间较长，工作经验丰富，工作能力较强等，所以年功序列制也并不完全简单地只与员工在企业内工作的时间相关联。正是由于这种管理员工的理念使得员工在企业里工作的时间越长，工作完成的程度越好，薪酬福利也就越多，相应也就越有机会升职，所以日本企业员工在刚进入企业工作时都能够接受初期相对较低的薪酬待遇。事实上年功序列制可以把员工对于企业的贡献视为一种储蓄，但这种储蓄会随着员工离开公司而消失，也就是说当员工跳槽至其他企业时这种储蓄就会从头开始，原来企业中已存储蓄新企业不会承认，这种制度将员工的利益与企业的利益绑定在了一起，形成了较为稳定的劳资关系，在一定程度上抑制了员工的流动性。

　　日本企业的工会组织也具有自身的特点，第一，与欧美其他发达国家的行业工会不同，日本的工会组织一般是以企业为单位设立在企业内部的；第二，日本企业工会会员的资格会随着员工离开公司的行为而被取消，并且日本企业工会会员只招纳企业内部的正式员工，这主要因为工会认为非正式员工与企业的这种临时性短期劳资关系不能承担企业的风险；第三，日本企业工会会员没有白领与蓝领员工职位之分，只要是企业的正式员工都有资格成为工会会员；第四，日本企业工会的工作人员一般都是本企业的员工，工会的事务是他们工作之外的额外事务；第五，日本的上级工会很少干预企业工会，企业工会一般都是自己组织收入，独立工会事务；第六，日本工会会鼓励会员积极参与企业经营，从各个方面为企业多提合理化建议改进企业的运营水平，这主要是因为企业工会的会员本身基本上都是企业员工，他们的利益都依附于企业的发展，企业的盈利就意味着工会会员的收入与福利更有保证。总而言之，通过分析日本企业工会组织特点可知日本的工会体制加强了员工与企业共存亡的意识，是一种对员工具有激励作用的组织制度。

　　日本企业的轮岗制培训也体现了一种独具特色的管理理念。具体是指新入司的员工在老员工的指导与帮助下学习自己的本职工作，达到一定熟练程度后转向企业其他部门进行轮岗的制度。这种制度的优势体现在员工在各个部门轮岗的过程中会积累不同的职务经验，一旦员工升职，他管理的视角会更加开阔，而不会只局限在某一个部门。此外，轮岗制可以拓展员工的业务能力，掌握更广泛的职业技能，加深对企业运营的理解，即便是企业发生技术革新或者经营环境变化员工也都能够很好地适应。再者，轮岗制使企业不需要将员工个人的能力与素质绑定在某一个职务与权限责任上，减少了员工长久面对一份工作内容的疲惫感，从而在一定程度上激励了员工工作的积极性。

　　综上所述，本章从经营者与员工的角度出发探讨了美国企业与日本企业管理制度的异同。从管理者的角度看，美国企业的激励机制以物质激励为主，多通过高薪与股票期权的方式进行，对经营者的约束主要来自外部市场。而日本企业对经营者的激励机制结合了报酬激励与事业型激励两种方式，通过报酬激励给予管理者物质上的刺激，通过事业型激励给予管理者工作积极性上的启发；从员工的角度看，美国企业员工激励主要以高薪和员工持股计划等方式来实现，同时配合来源于行业工会的外部激励。并且值得注意的是美国企业在管理中还渗透了员工自我管理思想，体现了以人为本的管理理念，也是一种对员工的变相激励方式。而日本企业的员工激励机制主要来自于企业内部，如具有日本特色的终身雇佣制、年功序列制、企业内部工会以及岗位培训与轮岗制等，这些制度的实施，降低了员工在企业内部的摩擦，增强了员工的企业向心力，实现了企业对员工工作热情的有效激励。至于造成美国与日本企业管理制度不同的原因，有很多也很复杂，但最主要的原因还在于两国企业产权制度结构上的差异。

6.4　美、日私营企业比较制度分析对中国私营企业成长与制度创新的启示

任何一个国家的经济体制都是由企业、市场与政府这三个最基本的要素构成，其中企业这个经济要素在经济发展的过程中更是起到了举足轻重的作用。企业的成长是企业作为一个制度集合体让自身内源性的制度创新不断适应外部制度环境的过程。通过本章对美国与日本私营企业制度的比较分析，也带来了我国私营企业制度创新的新思考。

6.4.1　构建适应私企营业成长发展的制度结构

通过对美国与日本企业的比较制度分析可知两个国家的企业都建立起了相对产权分明、所有权与经营权分离的现代公司制度。但是由于两个国家在经济体制、法律制度、文化背景以及市场成熟程度等多方面存

在的差异，导致了两国企业制度虽然都建立在现代公司制度的框架上，但却由于路径依赖效应在各自复制与演化的制度变迁与创新过程中产生了分离，衍生出了不同的企业制度结构。从美国企业的制度结构来看，其制度本身是建立在一个市场与社会分工都相对发达的较高基础之上的，再加之受美国核心文化自由主义与个人主义的影响，当权力长时间集中在一处时就容易触发民众的抵触情绪，这一切都决定着美国企业经济权力分散化的趋势，虽然之后发生的几次较大规模的经济危机使美国人民对本国企业制度结构产生了质疑，但接下来的制度创新也并没有在本质上收敛企业产权结构分散化的特征，而只是设计了一系列监控治理制度强化了股东角色的重要性。与美国相比，无论从社会分工还是市场的发达程度来看，日本企业的制度环境都不及美国，而且日本文化中重民族、重集体、重家庭、强调忠诚、强调人与人之间关系的意识也影响到了企业制度的构建，形成了日本企业制度结构中最基本的特点——法人交叉持股。虽然这种制度结构在一定意义上实现了企业经营目标的长期性与稳定性，但是其封闭不流通的资源配置方式使企业几乎不存在任何市场调节，这就直接导致了企业对市场变化的极其不敏感，在当今世界经济全球一体化发展的大环境下，日本企业的这种产权结构面临着巨大的挑战。

在研究一个企业应采用什么类型的制度，并且这种制度是否有效、是否可以维持企业可持续成长时，应该考虑的因素有很多，如产业领域、市场发达程度、社会分工程度、历史传统与文化背景，等等。企业对于自身制度的选择可以视为是一种自我演化的过程，所以不同国家的企业会选择不同的路径与模式，并不存在普遍适用的企业制度，但效率高的企业制度存在可循的共性，那就是企业制度的构建是要以适应制度环境为基础，而在制度环境中最突出的因素是对市场体系的构建。从这个意义上讲，虽然日本的文化积淀与我国更为贴近，但客观上说美国的企业制度效率总体高于日本，所以对于我国的企业制度建设来说美国的企业制度结构更具借鉴意义。美国企业制度的优点体现在它的长期竞争优势与可持续性上，这主要是因为美国企业制度的构建环境好，市场体系成熟发达，要素在企业与市场之间高效率的流动给企业带来了强大的生命力。而对于日本企业来说企业的制度变迁基本上都是依靠政府进行，多为强制性制度变迁。美国企业制度的优越性最根本的体现是在于美国市场体系与企业制度相互适应、相互统一。首先，成熟的市场体系保证了生产要素在市场内各主体间交换的流畅性，尤其是提供了与现代企业发展向适应的信息要素、劳动力要素与资本要素的供给，在资源配置方面保证了企业成长源源不断的动力。其次，企业制度同时也是市场体系成熟发展的必要条件，只有当市场中的经济行为主体能够实现其具有效率的独立性（包括独立支配自身资源、独立决策、独立享有其自身经营成果、独立承担风险与责任）时，市场机制才会得以有效的释放，市场体系才能够维持高效的运转。总之，正是由于美国市场体系与企业制度之间的这种相互适应、相互促进的和谐关系，才使美国经济的发展一直处于世界的前列，美国完善的市场体系衍生了健康的企业制度，同时健康的企业制度又进一步完善了市场体系。而就美国企业组织制度和管理制度而言，最主要的优势是在于它解决了委托—代理问题，经理层的经营行为能够通过外部市场信息传递的有效性与控制权的可转让性来进行有效的约束，市场透明化的运作机制使企业内部出现的各种问题无法被经营者长期掩盖，所以这在一定程度上能够防止企业经营问题的累积与恶化，并且也能在一定程度上尽量保持经营者与股东利益方向的一致性。而美国企业组织制度与管理制度是以分散的产权结构为基础的，毫无疑问产权的分散性有着自身的优势，它有利于保证资产的流动，降低投资者风险，联合资本市场优化资源配置，促进经济发展。但不能否认美国这种以分散化为特征的企业制度也有自身的不足，如带来经理层经营行为的短期化倾向等。美国企业本身也在进行着制度创新，像近几年加强对机构投资者的治理、强化外部独立董事的监督作用、实施对公司控制权市场的抑制等。

综上所述，建立现代公司制度是我国私营企业制度创新的总体趋势，但并不是将发达国家企业具体的制度安排照搬过来。不同的意识形态、上层建筑、经济制度环境使不同国家甚至相同国家不同地区的私营企业制度变迁路径与结果也不尽相同，我国的私营企业制度创新要根据自身的发展情况在完善的市场体系中进行，而完善的市场体系正是制度环境建设的主体部分，因此加强企业制度结构面对变化时的适应性以及进一步完善制度环境使其能够提供企业可持续成长的必要条件是我国私营企业制度创新最根本的出发点。

6.4.2 对家族企业制度的适度创新

任何一种企业制度不仅与之存在的那个社会的政治经济、传统文化环境相关联，还与其所处的发展阶段、所在产业领域、企业产品性质、企业规模与效率等因素密切相关。企业制度本身并无优劣之分，其有效性是在于其是否与企业的制度环境与成长阶段相适应，是否能够降低企业内部交易成本，是否能为企业经营者与员工提供有效的激励与约束。本书在第 5 章也探讨过，从这个视角出发，家族企业虽然是一种相对老旧的企业制度模式，但未必就一定是对企业发展完全没有贡献的，我国的家族企业也并不一定非要放弃这种组织形式。众所周知，家族企业在许多发达国家市场经济发展初期一直以一种最主要的企业组织形式存在，并对国家资本原始积累作出了重要的贡献。特别是当市场体系发展的还不成熟、制度不健全、信息不对称、信任机制不完善时，家族式企业制度可以相对有效地利用社会资本，圈纳创业所需资金与人力，在一定程度上实现资源的有效配置。但是家族企业制度并不能作为私营企业生命周期内唯一的制度选择，因为随着市场规模的扩大与竞争的激烈，家族制企业内部资本与家族成员管理能力的有限性会导致企业制度本身抵消的交易费用额度入不敷出，企业在支付高昂的监督与管理成本之余没有多余的资本升级企业，提高竞争能力，于是此时的家族式企业制度就不再适应企业的进一步成长，同时也会被制度环境的发展需求所淘汰。所以在这个时候就要求家族企业突破原有的内源性制度适应边界，进行制度创新，重新构建适应制度环境与企业成长阶段的新型制度结构。

6.4.3　建立健全合理的企业治理结构

通过对美国与日本企业制度的比较分析可知，美国企业制度的主要特征在于产权的高分散性与强流动性，股权融资是企业主要的融资方式，约束机制中的外部监控强于董事会的内部监控，激励机制多以实行分享剩余价值索取权的物质激励为主，总体上形成了"强管理者、弱所有者"的治理格局，是以市场控制为主导的治理结构。而在日本企业制度中，产权结构主要以企业法人持股与大企业间的相互持股为主，融资方式基本上是以主银行机制为主导的关系型融资，用薪酬制与事业型激励对经理层管理者实现监督和约束，在雇佣制上实行终身雇佣制与年功序列制对员工进行有效激励。

而具体到我国私营企业的治理结构来说，企业制度的改革和创新并不是简单地在原有基础上加上公司名头，而是要切实地通过设立或改组建立起一套完整的企业治理机制，使所有者、经营者与员工之间通过企业的权力机构股东大会、决策机构董事会、管理机构经理层、监督机构监事会形成独立、权责分明且能够相互制约的关系，并将其以制度形式得以确认与执行贯彻，使企业能够从制度上保证所有者的权益、赋予经营者充分的自主权、同时调动员工工作的积极性。所以，综上所述，在我国私营企业制度创新的过程中完全照搬美、日等发达国家现成的企业制度是不可取的，应该采用适度引进与创新相结合的方法，在引进的过程中本土化，摸索出一套与企业制度环境和企业发展阶段相适应、同时也与中国的历史文化和传统习惯不相背离的企业治理机制。

6.4.4　建立健全完善的经理人市场

美国与日本企业制度的成功之处告诉了我们经理人队伍与经理人市

场建设的重要性。实践证明经营管理者已经逐步地发展为企业制度创新的主体，在发达国家的企业发展史上，企业家与经营管理者的创新活动不断地推动企业摆脱落后的轨迹与模式，实现新的发展。同样在我国私营企业制度创新的过程中，企业家与经营管理者在经济生产活动中也总是处于发起、配置、操纵与控制其他资源领导者的位置，所以企业家与经营管理者和其他的人力资源甚至是生产要素资源相比是处在核心地位的。随着我国私营企业规模的不断壮大，对企业家与职业经理人的需求也就越来越多，但是目前我国私营企业中职业经理岗位的进入与退出机制相对还不成熟，没有形成有效的经理人激励与约束机制，也没有形成有效运作的经理人市场。所以，面对当前这种局面就需要进行市场体制与企业制度的双重创新与改革，建立健全我国经理人市场，进一步释放企业家与职业经理人的创新能力，实现我国私营企业的可持续成长。

6.4.5 政府职能在制度环境创新中的适度体现

从美国与日本企业制度对比分析中可以看出，即使是在强调自由竞争的美国，政府所构建的制度环境也会干预到企业这个微观层次；即使是在政府与企业结合相对紧密的日本，政府所构建的制度环境也都会以保证企业自主经营、市场机制有效发挥作用为前提进行设计。这些国家政府的经济干预都是建立在尽力做到消除企业成长障碍的基础上，将干预行为的制度设计、机构设置或政策制定等制度环境建设落实到法律中去，做到有法可依。这一切都启示了我国政府职能的体现要在制度环境创新中掌握好尺度，要在保证企业自主性与市场机制有效性的前提下对企业进行适时、适度地引导，以促进我国私营企业的可持续成长与国民经济的不断发展。

第 7 章

中国私营企业成长环境相容性
制度集合创新路径选择

通过前几章对于中国私营企业成长现状以及制度环境与制度结构变迁轨迹的梳理可知，无论是私营企业外部的制度环境还是内部的制度结构，其制度变迁应该满足的是适应性效率标准而不是帕累托效率标准。制度的形成应该是边际的和动态适应的，所以对于中国私营企业的成长来说，最关键的因素是决定企业成长的制度集合（包括企业内部制度结构与企业外部制度环境）本身的相容性以及其与企业所处内外部环境的相容性，这是我国私营企业是否能够实现可持续成长的制度逻辑，同样也是我国私营企业制度创新最根本的出发点。中国私营企业为了实现可持续成长就必定要大力推进企业内外部环境相容性制度集合创新，使企业内外部制度建设相向而行，而非相互掣肘，以达到在解除企业成长的外源性障碍的同时增强企业成长内生性动力的目的。

7.1　构造良好的私营企业外部制度环境

7.1.1　私营企业成长过程中政府职能的定位与转型

1. 以推动政府职能转型为出发点，建立有限、高效、法治、透明的政府

在充斥着不确定性、追求自身效用最大化与不完全信息的现实生活条件下，是不存在一个无所不能的政府的。政府作为统治工具，其职能边界是由能够提供的公共服务范围与公共产品种类所决定的。那么在分析现实的经济生活中哪些公共服务与公共产品应该由政府提供、哪些不应该由政府提供、哪些可以由政府提供但却缺乏效率时，是要从公共服务和产品的基本性质出发来进行探讨的。所以在研究我国当前政府职能转型的基本方向时，从本质上说是要在承认政府职能和权力有限的前提下适度让职、还权于企业、市场和社会，改变政府现时的权力结构。

第一，有限政府。有限政府是指政府在职权、责任与规模等方面都应具有有限性。首先政府提供的纯公共产品、准公共产品与公共服务应该仅与关系社会持久稳定的国计民生有关，其余的服务与公共产品则应该在遵循市场化的原则上由市场提供；其次，政府所提供的某种公共服务与公共产品并不必要由政府本身组织生产，可以通过市场和社会的比较优势来实现。政府在这个过程中只需承担有效监管、政策性引导、激励与调节的责任。并且，政府对公民和社会的责任也是有限的，不可能全面承担公民的生存、发展与享受的无限责任；再次，政府的最优规模应该是在满足其职权与责任的基础上，最小化地保持公共服务与公共产品供给行为的有效性。

　　总而言之，从目前我国政府所推进的政府机构改革与职能转化上来看，大体上体现了有限政府的理念，基本上概括了一个适应发展的政府职能转型的目标。我国政府应该在这个基础上进一步收缩政府职权范围，提高所提供的公共服务与公共产品的质量，承担政府应该承担的有限责任。

　　第二，高效政府。高效政府的判断标准大概可以归纳为：政府能够以较低的经济与社会成本提供公共服务与产品，以此实现良好的政府治理。具体实施路径可以通过三个方面来考虑：首先在内部市场化与准商业化的基础上适当引入竞争机制，以提高公共产品与服务的效率，这部分主要涉及的是一些承担着普遍公共服务但又不宜于完全市场化的行业领域，如医院、邮政等，要在资产国有的前提下引入竞争性企业的经营管理模式，在政府科学的监管下实现企业化的效率与社会公平化的平衡；其次，重新塑造政府机构以及公务人员的利益结构，在满足与市场自由化合理博弈的前提下减少行政审批项目与手续，严格控制审批费用；再次，精简政府机构，控制财政开支。政府规模的盲目膨胀会带来财政开支没有节度的刚性增长，并成为孕育政府行政审批收费与权力寻租的温床，降低政府治理效率。我国先后进行的几次政府机构改革在一定程度上优化了政府机构设置和职能调整，但是要建立起真正的高效政府，我国在建立科学绩效观、完善干部绩效考核体制、优化政府人事管理制度、提高公务员素质和能力等多方面需要做的工作还非常多。

　　第三，法治政府。法治是保证政府行为规范性，维系良好的政府、市场、企业关系的基本保障。由于政府本身具有先天的政治强制力与内在扩张的冲动，使得其治理机制的优化不能仅依靠于自身的改革，还需要通过法治路径将其行为和利益倾向纳入社会普遍认可的范围之中，从根本上控制与遏制诸如高税负、不合理市场准入壁垒、低效行政审批制度等偏离社会利益最大化轨道的行为。从目前来看，我国在建立法治政府的道路上不断前进，已经初步形成了以宪法为核心的具有中国社会主义特色的法律体系，政府应该在此基础上做进一步的完善，强调司法的透明、公平与公正，保证司法的独立性，实现法治政府的目标。

第四，提高政府行为的透明度。提高政府行为的透明度是指政府治理的过程中要强调政策、信息、预算等内容的公开化。政府行为与信息的公开化保证了公民的知情权并有利于公民对政府行为进行有效的监督。随着中国政治经济的不断发展，电子政务的出现，利用网络等先进的信息传播手段与分享平台有效地推动了政府信息与行为的公开化。从当前的情况来看，进一步提高政府透明度的关键在于，政府是否能够在决策中更多更广泛地集中民智、听取民意，这就要求政府对于同人民群众利益密切相关、社会影响面广的重大事项与行为决策上应该进一步强化和完善公示制度、听证制度和利益协调机制，以公民和社会组织的充分参与为基础来增进政府行为的公开化与透明度。

2. 构建中央政府与地方政府科学的授权分权体系，在理顺中央地方关系的基础上实现有效地方政府治理

通过第 4 章与第 5 章关于制度环境与企业制度结构变迁轨迹的梳理可知，我国私营企业所经历的制度集合变迁（包括制度环境与制度结构）是一个独特的多元互动、上下推进相结合的过程。在这个过程中，中央政府、地方政府与市场主体在复杂博弈的基础上，分别从立法层次、集体行动层次与操作层次共同推动着决定企业生命力的制度集合不断创新，其中，中央政府在不断吸收、总结地方政府和市场主体自主制度创新成果的基础上以法律法规形式认可并进行推广，同时设计相对公平的竞争环境；地方政府则充当着"双向代理人"的角色，促进中央政府与市场主体间的信息沟通，保护和推进两者的自主创新；私营企业等市场主体则从自身实际利益出发，在与地方政府和中央政府的动态博弈中满足自己的制度需求，获取发展空间。这种多元互动的制度集合变迁模式现实地反映了当前中国在逐步建立和完善市场经济体制条件下政府职能转型的实际要求，体现了现有权力格局下不同利益集团的利益出发点，在客观上推进了中国私营企业经济自 20 世纪 90 年代以来的发展。但是在这个过程中，我们也发现这种多元互动的演进模式的重要前提是中央政府、地方政府与市场主体需要各自具有独立的利益取向，并且都存在想要通过制度创新满足自身利益最大化的冲动——这是一个复杂的三方博弈过程。为了避免无序博弈，实现有效率的制度创新，最基本的要求就是建立一个完善的博弈规则，合理定位各参与主体的角色，有效约束其行为，从而使制度创新能够进入一个良性具有可持续发展动力的轨道之中。在这里有关政府治理的理论为我们提供了重要的启示，以市场为导向，强调授权与分权是政府治理变革的重要理念。通过政府职能转型、建立有限政府可以实现政府对市场与社会合理的授权与分权，同时在政府内部通过合理的授权与分权也能进一步明确中央与地方各自的权利、义务与责任，实现社会事务的有效管理。结合我国目前私营企业的发展水平，基于政府治理变革的理念，实现中央政府与地方政府之间科学合理的授权与分权，理顺中央地方关系的路径选择可以从以下几点出发：

第一，以提供公共服务与公共产品的公益性所涉及的范围为标准，合理划分中央与地方社会事务管理的权责，进一步贯彻我国转移支付制度。按照目前我国所实施的转移支付原则，在中央与地方社会事务管理的权责划分中，中央政府应当主要负责公益性覆盖全国范围内的公共产品与服务的供给，以城乡和区域公共服务均等化为重点，强化再分配的职能。地方政府主要负责本地区公共产品与服务的供给，重点关注居民的实际需求，强化供给效率。

为了保证中央政府与地方政府提供公共产品和服务的职责与能力，就必须进一步地完善转移支付制度，以此来解决公共产品和服务的供给不足和区域性不均衡的问题，缓解中央与地方矛盾，促进区域经济协调发展。

第二，以提供公共服务与产品为导向深化地方政府职能转型和行政管理体制改革，建立公用服务型政府体系。所谓公共服务型政府体系就是指能够纠正市场失灵，有效保障在市场机制中资源有效配置的政府体

系。为了实现这个目标就必须深化每一级政府的职能转型，进一步推进
政企分开，加快市场化改革进程，简化政府机关办事程序，提高办事效
率，加强政府内部权力制衡和社会舆论监督，完善以公共服务绩效为导
向的干部考核制度，逐步建立中央对地方的公共服务问责制度，强化地
方政府的公共服务职能等。

第三，从法治政府的角度出发，把中央和地方的授权与分权关系制
度化、法制化。改革开放以来，中央与地方政府的矛盾根源在于没有建
立起规范化、法制化的利益分配和协调机制，缺乏对中央与地方政府各
自权利范围、权力运作方式、利益分配、责任义务等方面的法律约束，
诸多的利益冲突与摩擦加大了政策执行的成本。中共中央十六届三中、
六中全会虽然指明了划分中央与地方事权的原则，但并没有以法律的形
式给予规范。因此，首先应该推动中央与地方执政的有关立法，以法律
的形式明确中央与地方的事权；其次应该建立中央与地方共享税分成的
办法与财政转移支付制度的法律法规，从法律角度明确划分中央与地方
的财权；再次应该以法律形式明确中央对地方财政、金融、产业方面的
调控权，并规定调控的范围、手段、程序和基本目标以及地方政府所承
担的相应权利与义务，以保证宏观调控法律基础的规范性、有效性；最
后，进一步完善对公共服务的立法制度，使之能够从法律角度出发去协
调和监督各级政府的公共服务供给职责。

7.1.2　深化市场经济体系建设

市场体系包括生产资料市场、消费品市场、劳动力市场、金融市
场、信息市场、技术市场等。改革开放以来，我国已经基本上构建起了
一个具有开放性、统一性、竞争性、有序性的社会主义市场体系框架，
促进了经济的蓬勃发展。但尽管如此，我国目前的经济市场体系建设仍
然存在着一些障碍，主要体现在：市场体系不够健全，各类市场发育程
度良莠不齐、与经济发展的速度相比存在一定滞后性，市场的竞争机制

不够活跃，市场运行的法律制度建设不完善，全国统一开放的市场体系还没有最终形成。解除我国市场经济体系建设障碍，使其整体结构完善统一，可以从以下途径着手出发：

第一，完善市场主体。从根本上消除对私营经济的歧视政策，真正意义地保证投资主体的多元化，进一步发展多种所有制体制下的各类企业，形成不同市场主体间公平竞争、共同发展的格局。

第二，健全要素市场。目前我国市场体系的发展还没有达到优化资源配置的要求，要素市场的发展相较于商品市场而言还存在一定的滞后性，所以进一步完善要素市场是当前我国经济体制改革所面临的重要课题之一。首先，健全产权市场。完善产权交易的规章制度，拓展产权交易范围，使各个市场主体能够通过产权有偿转让形成有效的产权流动与重组，盘活存量资产，提高资产运作率；其次，完善资本市场。适度开放金融市场准入标准，构建多层次金融服务体系。关于此点后文将做详细论述；再次，加强人才市场的建设。通过第 6 章与发达国家私营企业的比较制度分析可知，人才市场的发达程度尤其是经理人市场的发达度与私营企业的发展密切相关，从目前我国人才市场的建设现状来看，其发展相对滞后。这就要求政府在创立职业经理人综合档案（包括诚信档案与业绩档案）的基础上构建经理人才信息资源数据库，设计科学的经理人才信息发布机制，实现经理人才信息资源社会共享，积极拓展服务于经理人市场的各类项目，如人事政策咨询、人才培训、人事档案管理等，为人才择业和私营企业选择人才提供便捷有效的服务，完善经理人市场功能，为私营企业选择人才与人才选择私营企业搭建高效的平台。

第三，释放市场机制，进一步完善市场优化资源配置的功能。价格机制是市场机制中最基本的组成部分。在我国经济体制深化改革的过程中要从根本上改变原有的价格管理体制及其相联系的价格形成机制，逐步建立起以市场导向为主的价格机制，并在这个过程中科学掌握政府与市场的博弈尺度，一方面要减少政府对市场的低效刚性干预；另一方面要进一步完善政府对市场价格软性的调控制度与法规体系。

第四，完善市场秩序规则，加强市场管理。首先，要加快建立统一、科学、完备的，能够使市场主体行为、市场交易秩序与市场基本经济关系规范化的法律法规；其次，构建市场经济的诚信环境，严格契约精神，遵守合同约定，打击欺诈行为，鼓励守法经营，联合银行、税务、海关、工商等政府有关机构部门构建企业家的信用档案信息网，制定惩治企业违信的法律法规，法治各种不正当的经营行为。

7.1.3 推进商事制度改革

1. 确定市场准入的统一标准

第一，进一步放宽和扩大私营企业的生产经营范围，只要是竞争性行业都可以适当引入私营企业。要循序渐进的引导私营资本进入目前仍由国有企业盘踞的垄断行业，并利用竞争机制激发行业活力。对外资开放但仍对私营企业存在市场准入限制的行业需同理应对。

第二，政府组织编制《民间资本投资产业行业目录》，根据一定时期内国内市场形势与国家产业政策，具体规定限制私营资本进入的领域与允许私营资本进入的领域，以此来有效引导民间投资，实现资源有效配置。

第三，进一步深度落实新非公经济36条，切实有效地开拓私营企业发展空间。首先，废除与新非公经济36条规定有冲突的旧有政策制度。有关部门应该尽快把对私营企业成长在市场准入、公平待遇等方面受到限制的文件尽快清理与废除。如果这些老旧的、不利于私营企业发展的政策制度得不到妥善处理，那么落实新非公经济36条很容易沦为一纸空谈。其次，新非公经济36条所涉及的部门应尽快制定相关的实施细则。从2010年新非公经济36条颁布到现在，所涉及的许多部门仍然没有制定出相应的实施细则，导致新非公经济36条并没有上升到制度层面被规范执行。因此各个相关部门应该尽快制定出实施细则，政府也应同时组织设置监管机构对落实情况进行跟踪监管。再次，严禁有关主管部门对私营企业进行变相限制，使之再陷入 2005 年非公经济 36 条的玻璃门现象。早在 2005 年颁布非公经济 36 条的时期，石油行业曾在 2005 年 6 月公布过《成品油批发企业管理技术规范》的征求意见稿，其中规定成品油批发企业必须具有从事两年以上成品油零售经营业务，并拥有 30 座以上自由或控股加油站的条件。如果这个意见稿被正式颁布，那么几乎会将大多数准备从事石油批发业务的民间投资挡出门外。所以，在落实新非公经济 36 条的当前，有关主管部门在进行设定具体实施细则时不要搞变相限制，抬高私营企业准入门槛，尤其是在电信、航空、石油等这些传统垄断行业，要切实地保证私营企业能够平等地进入规定领域。最后，建议政府组织建立独立的监督监管机构。为了监督涉及部门能够做到切实有效落实各个条款，加强引导投资过程中的薄弱环节，就必须建立起一个强有力的、独立于其他部门利益的综合协调部门。这样就有利于落实与督导新非公经济 36 条，充分协调当前与长远、局部与整体的利益纠葛，建立科学合理的总体引导，真正意义地全面带动民间投资的活力，实现私营企业的不断发展。

2. 规范和约束政府的税费征收行为

第一，要对现有的税费项目进行清理，将重复征收、恶意征收等不合理的部分删除或修改，营造出一个公平、透明的税费征收环境，切实地避免在同一产业领域内私营企业与国有企业、中资企业与外资企业之间不平等的税费收缴制度。

第二，提高政府执法机构的服务意识，抑制政府行为的收益取向，提倡政府收费不予做低支出的"收支两条线"制度，使收费人员收入不与收费额挂钩。

第三，税费征收过程透明化，通过适合的平台定期将税费项目与标准、税费征收程序、税费征收用途向社会公开，并设立畅通的举报渠道与意见箱，从根本上杜绝一些政府部门故意"设卡寻租"以及一些官员以权谋私的可能性，为私营企业成长营造公平、公正、公开的税费环境。

第四，同一产业内部的各类企业应该实行统一化整的会计制度与财务制度，不要再有国有企业实行国有经济的财会制度、外资企业实行外资经济的财会制度、私营企业又有一套另行的财会制度的情况发生，避免因财会制度不同而给各类企业税费征收带来差异的不公平情况。

7.1.4 完善法律法规环境

1. 完善有关私营企业的法律体系

尽管近几年我国关于私营经济权益的法律法规框架已经基本形成，对私营企业在法制上的保护也已经取得了巨大的进步，但完善程度与私营企业成长对法律环境的要求还有一定差距，主要表现在目前我国有关于私营经济权益保护的法律还相当零散，构不成一个完善的法律体系，有些个别的法律法规之间还存在冲突，法律保护的制度也不系统，统一性较差。所以这就要求国家在遵循市场经济公平、公正原则的基础上，制定和完善私营企业各方面如产权、交易、税收、融资、投资、劳动、就业和社会保障等的法律法规，通过立法明确各市场主体的平等地位，清理和修改现行对私营企业成长不利的地方性政策法规制度，为私营企业的可持续发展创造一个统一的、公平竞争的法制化市场环境。

2. 加强普法力度与立法民主性

早在 2006 年进行的中国第七次私营企业抽样调查数据分析综合报告中就有数据表明对于我国 2005 年颁布的"非公经济 36 条"有占 18.5% 的私营业主表示不知道。一个由政府出台并与私营企业自身利益密切相关的文件居然还有近五分之一的业主不清楚，可见我国法律法规的普及力度远远不够，政府应该进一步加大法律法规宣传的覆盖面积，让广大人民群众能够在知法的基础上守法。同时也要尝试积极引导人民群众参与到立法的过程中去，一来可以加强法律覆盖的民主性，二来可以通过人民群众对立法的参与使他们更能自主地认识到私营经济的法律地位和作用，自觉地依法保护私营经济和私有财产。

7.1.5　创新金融融资渠道

1. 直接融资制度创新

第一，深化国有商业银行改革，进一步完善银行公司制治理机制。由于面临着国有企业普遍存在的内源性软预算约束与所有者缺失问题，使我国的国有商业银行很难真正地建立起完善的公司制，导致其资源配置效率低下。因此有必要推进我国金融机构公司制改革，通过股权结构的多元化调整，改变目前运营现状，形成较完善的公司制治理机制。

从私营企业当前发展的程度上来看，我国国有商业银行进行公司制改革已经具备了必要的条件。通过国有商业银行的改革可以适当引入民间投资者进入金融领域，这不仅有利于国有商业银行治理机制与竞争机制的优化以及运营效率的提高，同时还有利于引导民间资本实现资源有效配置。改革后的国有商业银行将确立市场化的运作机制，对于贷款发放的遵循原则就不再是按企业"成分"排序而是按"效益"排序，对资质好、具备发展潜力的私营企业应给予重视，帮助它们成长壮大。对于众多的中小私营企业，银行业应当进一步创新信贷方式，丰富信贷体制，通过灵活的信贷途径为私营企业的成长提供坚实的金融后盾，并且在企业间分享其成长的成果，切实地构建出一个公平、有效的信贷环境。

第二，引导发展民间金融机构，尤其是地方性中小金融机构，建立起规范、完善、多层次的直接融资体系，提供适应私营企业成长与发展各个阶段的金融保障。首先，由于金融业本身的技术复杂性与高风险性就使得民间金融市场准入的门槛不能设置得过低，否则会造成金融行业的过度拥挤。要从法律上对投资人的资格、准入资金范围与最低注册资本金额等作出明确的规范，并要根据地区差异区别规定，如农村私营金融机构的准入规定可以适当低于城市私营金融机构的设立标准。对于私营金融机构的设立形式可以采取多种方式，主要可以分为新设与改造两种——新设主要是指通过私营企业或者个人出资组建的金融机构，这种新设的机构没有制度变迁的路径依赖，产权明晰，在股权设置与公司治理结构等方面相对容易按照规定的制度模式进行设计，但是这种从无到有的设立方式会要求较大的资本前期投入，创立门槛较高；改造主要是对已有的金融机构进行私营化改造，例如在现有银行的基础上组建私营中小银行或是对现有银行引入民间资本进行增资扩股改造，这种方式充分利用了原有的金融资源，但弊端在于制度变迁带来的路径依赖会产生一定的成本消耗，并且对原有金融机构的产权与资本评估也会相对困难。总而言之，从我国当前金融业的发展现状与私营企业成长对金融业变革的需求上来看，既要鼓励对原有金融机构进行私有化改革，也要支持按市场规则建立新的市场化程度较高的私营金融机构。其次，建立的多层次金融体系要按照市场化规则运行，促进金融行业的良性竞争，提高金融效率，真正意义上实现金融机构对私营企业成长的服务作用。再次，从目前私营企业发展现状来看，应该集中力量引导投资建立地方性中小型金融机构，如城市信用合作社、城市合作银行、储金会、基金会等。因为建立在信息基础上的信用是决定金融服务业发展的根本因素，而相对而言地方中小金融机构能够更有效地了解地方中小企业的经营状况、成长前景与信用程度，可以节省大量的调研时间与费用，并且目前我国私营企业数量多、规模小、地域分布广的特点也决定了与之相应的金融机构应该以中小型、地方性为特点构建。所以，中央政府与地方政府应该通过多种方式构建中小地方性私营金融机构并依法对其进行风险管理，使其能够创新金融服务工具、吸纳客户增强资金实力、提高贷款能力并制定相应贷款政策、积极组织存款、引导产业升级与结构调整，为私营企业的可持续成长保驾护航。

第三，推进利率改革，向市场化发展，提高银行面向私营企业放贷的自主性与积极性。首先，从目前来看我国银行对私营企业发放贷款的单位成本较高，这主要是因为私营企业的单笔贷款额度较小，而每笔贷款审核发放程序是固定的，产生的成本也就是固定的，所以私营企业的单位贷款成本对银行来说就变得较高；其次是风险相对较大。我国私营企业的资质参差不齐，社会信用体系又相当不完善，加大了银行获取企业真实信用记录的难度，增加了银行对企业贷款的不确定性，再加上受私营企业本身的治理机制不健全与运营财务状况透明度低等因素的影响，使商业银行需要对私营企业的贷款承担很高的风险，极大地伤害了银行发放贷款的积极性，除非可以获取针对于风险的额外溢价补偿，否则就不愿为私营企业提供资本服务。面对这种情况，国家要放宽贷款利率与交易费用的限制，使利率能够充分发挥它的杠杆作用，更具弹性，以此扩大银行的盈利空间，激发银行对私营企业放贷的积极性以及放贷款方式的创新。

2. 间接融资制度创新

第一，完善股票市场，构建多层次的资本市场。一是要完善股票市场统一上市标准，对于有条件的私营企业，尤其是高科技企业，积极引导上市，实现直接融资。二是要完善股票交易制度，健全市场退出机制，为私营企业风险投资开辟多种变现退出通道。三是在股票市场制度建设的基础上释放市场机制，适度抽离国家刚性影响，提高资本市场活力。四是构建多层次资本市场，最起码要包括如下层次：二板市场、区域性小额资本市场（相当于三板市场）、风险资本市场。其中二板市场解决的是中小企业在创业中后期的融资问题，区域性小额资本市场主要为不够二板市场资格的中小企业提供融资服务，风险资本市场是为处于创业初期的中小企业提供权益性资本服务。

第二，丰富资本交易市场品种。对资本市场项目的开发当前首要的，就是积极发展企业债券市场与长期票据市场。从融资方式的延展性与可持续性来看，债券融资具有自己显著的优势：一是由于债券的流动性强，企业在证券交易所挂牌交易就意味着要将自己的经营状况、财务状况与风险控制等信息作出完整、持续、详细的披露，这种信息的公开就在无形中促使了企业不断提高自己的经营管理水平与诚信度；二是债权融资不会使企业的股权结构与总量发生变化和转移，从而可以解除私营企业主对股权被稀释的担心；三是通过债券融资增加负债可以提高公司的自由现金流使用效率；四是我国当前相对较高的所得税率会降低债券的融资综合成本（相较于股权融资而言）。

3. 信用制度创新

进一步完善信用制度，建立多渠道、多层次的信用担保体系。从政府职能的角度出发，通过法规制度和宣传导向逐步在全国范围内营造诚实守信的意识氛围，利用现代化的信息手段搭建信用社会共享平台。与此同时还要构建多渠道、多层次的信用担保体系，主要包括：第一，建立政府主体信用担保体系。由各级政府出资设立市场化运作并接受政府监督的，具有法人资格的，独立担保机构。第二，建立私人商业担保体系。按照相应法律要求，建立以法人、自然人等民间资本投资的金融担保服务体系，并按照市场原则商业化运作，主要为中小私营企业解决融资担保问题。第三，建立互助担保体系。各中小企业按照规则定期缴纳数量一定的担保基金，在有融资困难的企业间滚动使用，为中小企业提供更及时、更高效的信用担保。第四，探寻核心客户为其余众多的，处在创业期或者发展期的中小私营企业提供担保，充分利用核心客户的富裕的授信资源。

7.1.6　优化政府服务体系及功能

第一，政府引导建立适应私营企业成长需要的综合性、智力型、多元化服务网络体系。为私营企业的进一步发展提供资金融通、技术支持、人才培训、信息网络、管理咨询、创业辅导、市场开拓等诸多方面的服务。

第二，政府引导各行业建立协会、商会等自律性管理组织，并对其予以规范化管理，使其能够充分发挥指导与约束功能，帮助私营企业实现健康可持续成长。由于历史与传统体制的原因，我国的民间组织在运行机制上存在着资源不足、独立性不强、缺乏自治的缺陷；在管理体制上存在着限制多、监管不周、法律法规不健全的障碍；在组织文化上存在着公益精神、志愿精神、社会诚信不足的问题。这些都需要国家更加积极地给予引导、支持、培育与监管，以促进我国私营经济组织的自律与规范发展。首先，加快政府与民间组织分化的步伐，改革行业协会的管理体制与运行方式，使其真正的民间化与市场化，保证民间行业商会在市场中拥有生存与发展的平等权利，逐步建立起行业商会与协会组织公平竞争、共同发展、相互促进的发展格局，充分发挥行业商会与协会组织对促进私营企业成长的重要作用。其次，完善工商联职能，将其各项职能关入制度的笼子，加强企业与政府间的对话，及时反映私营企业在发展中存在的问题，为私营企业发展提供信息支持与融资支持服务，帮助私营企业主提高自身素质，维护私营企业的合法权益，为企业成长创造良好公平的环境。同时，在此基础上还要加强工商联的自身建设，使其能够更好地发挥各项管理与服务职能，进一步推动私营企业的可持续成长。再次，倡导私营企业商业道德构建，完善对行业商会与协会组织的监管制度。通过宣传教育引导个体私营企业主爱国、诚信、守法、敬业，进一步完善对民间组织的监管制度，改变现有民政部门与业务主管部门的双向管理模式，在健全相应法律法规体系的基础上构建政府监督、司法监督、社会监督、行业自律为一体的立体监管体系，保证各类行业协会与商会等组织能够真正切实地发挥其对私营企业成长的促进作用。

第三，加强政府对创业环境的建设。首先，政府要侧重于营造创业机会。降低创业成本固然重要，但侧重营造创业机会的政策才是创业环境建设的根本，其中最本质的出发点就在于营造有利于创业的经济条件和技术条件。具体来讲，在经济水平相对落后的地区，政府应该结合地区资源条件来发现、开发本地产品和服务市场以营造面向经济新增长点的创业机会，引导民间资本合理投资；在经济相对发达的地区，政府应当进一步增加研发基金的投入用以提升国家或者地区的技术发展，营造面向高新技术与高商业化的创业机会。其次，区别对待当前创业能力不足的地区，根据地区具体情况安排灵活的制度政策。提高创业能力水平的制度政策重点应该在于谋求创业能力与创业机会的匹配，究其根本就在于营造有利于创业的社会文化条件和教育培训体系。具体而言，在创业意愿比较低但创业能力较高的地区，政府应该通过制度安排来实行一些可以改善社会文化环境的项目，以创业文化的熏陶来提高地区的创业意识，如设置最佳创业奖项奖励优秀创业者的创业行为，还可以联合教育系统安排一些关于创业价值的课程与讲座；在创业意愿高但创业能力相对较弱的地区，政府应当注重组织培养潜在创业者的经营管理技能，开办创业班、技术与职业培训等；在创业意愿和创业技能都较低的地区，政府要在提供资本支持的基础上同时采用营造社会文化条件和建立教育培训体系的制度政策，从总体上提高创业意愿与创业能力。总之，从我国当前的经济发展水平来看，需要通过培育优秀的私营企业来推进国家经济结构与产业结构的进一步升级，这就要求政府必须重视创业环境的建设问题。

7.1.7 建立中国私营企业成长制度环境的监督与效果评估机制

适应私营企业可持续成长的制度环境建立起来以后，为了保障其运行效果还应该构建起相应的制度实施监督机制及效果评估机制。我国私营企业发展30多年来，政府颁布了许多保障私营企业成长的制度政策，但收效往往没有预计理想，有许多制度出台后不了了之，还有一些制度在实施过程中遭遇"上有政策、下有对策"的境遇，最终使其流于形式。所以，针对这种情况，如果不从制度上给予扭转，就无法将设计好的制度环境切实地用于促进私营企业可持续成长。实践证明，在制度的具体实施过程中，光靠有关部门公务人员的工作效率与执行觉悟是不够的，还要建立起严格的制度执行监督机制与制度实施效果评估体系，其效果才能够得以保障。具体路径参考如下：

第一，组建独立的监督体系。可以考虑以全国人民代表大会及其常委会为主，联合国务院行政监督部门，如国家审计署、监察部等，与各民主党派共同组成独立的监督机构，使其隶属于全国人民代表大会及其常务委员会并对其负责，实行独立预算并赋予独立的监督权力。在组织体系上依托现有的监督机构进行扩充，建立中央、省（自治区、直辖市）、地市三级组织机构，实行全国人大及常委会垂直领导体制，兼备法律监督和行政监督的职能，同时在各级人大内部也要组建其相应机构，改变当前由于监督机构缺失带来的监督功能不全的现状。为了保证监督机构的权威性与独立性，它的人员组成应由人大选举产生，并要依法严格行使各项监督权力。①

第二，组建制度实施效果评估体系。目前我国尚未建立起统一科学的制度评估体系，无法得知制度实施的效果如何，就无法反馈给制度设计者使其针对被实施的制度进行进一步的完善或下一步的制度创新。建立制度实施效果评估体系要确立一套规范的评估程序以及科学的评估指标与评估方法，要确保制度效率反馈信息来源的有效性，要在实践中配套专业的评估队伍，并搭建起制度效率反馈的有效信息平台。

第三，规范监督程序，提高监督效率。一是要组织制定《监督法》，要将监督机构的职责与权限以及监督内容的标准、方式与程序都落实到法律上，做到有法可依；二是确保监督路径的有效性。要构建多

---

① 龚晓菊. 制度变迁与民营经济发展研究［M］. 武汉：武汉大学出版社，2005：240.

层次的监督体系如组织质询、特定问题调查、听取汇报等，保证监督渠道畅通，监督信息有效；三是要把过程监督与结果监督有效结合在一起，以过程监督为主，结果监督为辅，提高监督行为效率；四是建立行政执法投诉受理制度以及重大投诉述职制度。对于部门规章程序不合理的要责令限期整改，对于有法不依、执法不严、工作失职的要给予批评、通报与处理。

尽管制度的监督与评估会衍生出一定成本，但只有在制度执行过程中将走样、变形、打折扣的低效执行行为杜绝，才能够保证所设计出的制度环境可以在真正意义上促进私营企业的健康成长。

7.2 构造良好企业内部制度环境

7.2.1 产权制度创新

第一，进一步明晰"红帽子"企业的产权。"红帽子"企业是中国在特定历史条件下的产物，在当时也是一种适应私营经济发展条件的制度创新，由于当年想注册成立的私营企业没有相应的管理登记办法做保证，并对私营企业的概念也不十分清楚，就只能按照集体企业的模式进行注册带上"红帽子"，但是这种集体企业并不是集体出资而是私人出资。随着我国改革开放不断深入，这种产权结构阻碍了企业的进一步成长，许多"红帽子"企业也逐渐认识到只有摘掉"红帽子"，明晰企业产权关系才能够在根本上突破企业成长的"瓶颈"，当前摘掉"红帽子"可以选择以下路径：一是可以现有私人或者自然人成立一个现代公司制的企业，用公司套用的办法，把"红帽子"架空，这种途径的优点是可以相对减少产权改革带来的公司震荡；二是直接划分股权比例，这种途径对企业产生的震荡较大，需要与"红帽"企业原挂靠单位进行协商。

第二，辩证地对家族企业进行产权制度创新。目前我国私营企业的产权结构大多数还仍维持在家族式或准家族式的个人业主制或合伙制阶段，在管理方面许多企业也还没有脱离家族式的管理方法。无论是从理论上还是实践上来看，当家族企业发展到一定规模时其制度结构的负效用高于其正效用，阻碍了企业的可持续成长。但是我们不能因此而否定其制度结构中存在的正效用，不能在产权制度创新的过程中一概否定家族化的产权结构，机械地向现代企业制度靠拢，例如有一些需要特殊技能的小规模行业，家族式管理是最佳的选择，还有私营企业的创立初期也可以选择家族式产权结构进行过渡。但是，家族化管理的企业也不要忽视产权明晰问题，在企业创立之初最好将产权在家族成员间界定明确，并尽量分离企业所有权与经营权以消除企业可持续成长的障碍。

第三，重建单一产权结构。单一产权结构的私营企业既无法达到规模经济又无法建立起现代企业制度，因此当企业单一产权制度结构要突破企业成长适应边界之际，就要抓住时机吸收其他产权主体股权进入，搭建出多元化的现代产权结构，并在此基础上引进职业经理人，形成科学的管理体系，构建出能够实现企业可持续成长的产权制度。

第四，阶段性现代产权制度过渡。私营企业可以在一定合理边界范围内保持家族化的经营模式，但是从当前经济发展的总体趋势来看，家族式企业终究是一种落后的产权结构形式。当企业成长到一定阶段就势必要求两权分离，科学管理，建立现代企业制度，构建产权明晰、多元化、具有可流通性与交易性的产权结构。首先，在私营企业内部成员之间重新界定产权边界并重新合理分配股权，一来可以消除由产权界定不清产生成员间的利益矛盾，降低企业内耗；二来可以通过给予技术人才、高级管理人员等企业核心员工股权的方式，激励员工工作热情，增强员工与管理者的主人翁意识，增加企业的凝聚力与向心力。其次，利用外部资本构建现代公司产权制度结构，提升企业活力。私营企业从创建到发展壮大，无疑需要大量生产经营资金的支持，产权结构的单一性在企业创建初期的确能够产生明晰产权的作用，但是这种正效用只是暂时的——随着企业的成长，企业的生产管理日益复杂专业化，企业内部的资源难以满足其成长的需求，此时就需要企业开放产权，实现产权的流动，这样不仅可以优化企业资源配置，克服企业资本社会化程度低的缺陷，还可以通过产权结构的多元化来进行资本经营，丰富企业资本累积方式，保证企业可持续成长。私营企业现代产权制度结构的构建主要可以通过以下途径实现：一是引入外部投资入股为企业股东；二是合并、兼并其他企业或通过与其他企业合资合作的形式实现资本社会化；三是条件合乎标准的私营企业可以积极准备上市，充分利用社会资本进行融资。

7.2.2　组织制度创新

第一，设置科学的公司内部权力制衡结构。制衡与效率之间存在着一种微妙的关系，或许制衡机制在一定程度上会影响行为效率，但在另一方面，企业的制衡机制会避免由于"独裁化"所衍生的更大损失。因此，建立一套科学系统的制衡组织结构可以在企业面临重大决策时在一定程度上同时遵循盈利原则与避免风险原则，保证企业的健康、可持续成长。所以本着以上原则，我国私营企业要根据自身发展的现状合理构建以股东大会、董事会、监事会、经理层为框架基础的内部组织结构，并在此基础上科学分配四者之间的权利、责任与义务，规范四者之间的运作机制，形成有效的组织制度结构。

第二，合理压缩纵深型企业的组织结构，实现组织结构的横向转型。这样可以减少管理层次和管理人员，从而减少人力成本；削减中间层次，提高信息传递的速度，提高领导决策的效率，促进上下级之间的沟通；加大管理跨度，有利于开发员工潜能和发挥员工的创造性。

第三，充分利用信息时代的科技工具，构建科学的企业内部网络平台，变企业为一个由许多结点构成的动态网络组织。这种方式可以在提高组织效率的基础上，既保证员工及时获取外部有效信息又缩短了信息与知识在企业组织内部传递的路径，增进了信息和知识的横向与纵向交流，提高工作效率。

第四，合理发展企业集团化。在当今市场竞争日趋激烈的大环境下，单个企业很容易淹没在历史的洪流中，而集团型企业在综合实力上更能经得起考验，所以中国的私营企业应进一步发展壮大走集团化道路，增加在与国内外企业竞争对抗中获胜的砝码。

7.2.3　管理制度创新

私营企业产权制度的创新是企业管理制度与组织制度创新的基础，而私营企业产权制度的变迁与创新又与企业不同的成长阶段与规模有关。当企业在创业初期时，规模较小，企业成员往往会将所有者、经营者与劳动者的多重身份叠加为一体，此时企业的所有权、占有权、支配权与使用权也相应地集中在一个业主或者一个家族上。但随着企业的不断成长，所有者想要行使企业所有的权利会越来越难，所以企业的所有者就会根据实际情况将一部分产权以一定的代价让渡给别人，于是所有权与经营权逐渐分离，也就带来了企业管理制度创新的需求。从当前来看，突破我国私营企业可持续成长适应边界的企业管理制度创新可以考虑从以下路径着手出发：

第一，引进职业经理人，贯彻企业所有权与经营权分离的科学宏观架构。私营企业对于引进的管理人才，应该给予高度的信任与空间以使人力资本实现其产出最大化。同时建立良好的人事管理制度，设计科学的激励与约束机制，通过合理的薪金结构和奖励安排，激发员工的工作热情。与此同时，还要完善职业经理人的职业评价体系，使经理人的素质与能力适应企业发展的需要。

第二，建立适合企业可持续成长的监督激励机制，降低代理成本。想要降低代理成本就必须在委托人与代理人之间建立比较完善的契约关系以及对经理人有效的监督与激励机制。一般来讲，监督与激励机制包括内部机制与外部机制。其中外部机制中的控制权市场机制可以通过兼并、收购或者接管等方式优化经理人的资源配置，有效地激励和监督经理人努力工作；外部机制中的经理人市场可以充分调动经理人工作的积极性，使其避免被市场的竞争机制所淘汰。从当前来看我国的外部机制中两个市场的建立都不够完善，没有形成有效的约束激励机制。所以，必须要积极构建有效的外部市场环境，完善资本市场、经理人市场、产品市场的市场机制，依靠私营企业的外部市场机制来实现对企业经营者行为的有效监督与激励。但与此同时也不要放松企业内部对经营者的监督与激励，虽然整体上我国私营企业发展时间不长，实践经验不足，还没有摸索到一套科学合理的激励约束机制，但一些发达的资本主义国家在这方面经验丰富，已经设计与实践了一些制度值得我们学习与借鉴，如在第6章探讨过的美国股权激励与日本的年长序列制等，可以在此基础上根据中国制度环境与企业发展阶段制定出适应本企业发展现状的约束激励机制，具体建议如下：一是员工持股计划，按照员工或者管理者的工作年限与业绩水平为标准，将其一定比例的薪酬以年为单位转化为公司股份持有，将公司利益与员工利益绑定在一起，以规避劳资关系中短期行为的负面影响；二是在企业内部构建起科学的人力资源考核机制，设置科学的升降职位、奖罚薪酬的绩效考核体系，为员工设计合理的职业生涯发展通道，真正赋予其公平的机会与平台，让每一位员工都能切实地感受到自己是在适合的岗位做适合的工作，使员工意识到更换工作带来的成本，加强企业对人才的软约束；三是要加强企业人力资本内部市场化机制，充分发挥因为内部竞争而带来的"隐性激励"。

第三，构建私营企业内部和谐的劳资关系。当前改善我国私营企业"软环境"、"后环境"与"内环境"，消除劳资关系上存在的紧张对立状态，已经成为私营企业制度建设中不容忽视的课题。首先，加强企业劳资双方的沟通与理解，促进劳资矛盾和谐演变。西方企业管理学中的X理论，以"人生来懒惰"的假设出发，抹杀了人的主观能动性与自主创造精神，已经被 Y 理论所取代。Y 理论强调"人并非生来懒惰"，主张充分调动人的主观能动性与创造性，在实践中实现个人价值最大化。X 与 Y 理论都是协调企业内部劳资关系而产生的，其中 Y 理论相对而言对于处理劳资矛盾更具可实践性。美国加利福尼亚大学管理学教授威廉·大内通过对第二次世界大战后美、日两国典型企业的对比研究，总结提出了企业管理的 Z 理论，Z 理论的基础或关键是"使工人关心企业"，"Z 理论的第一课是信任"，"Z 理论的第二课是微妙性"，官僚主义的管理与刚性分配会使雇工工作"微妙性丧失，生产率随之降低。"①从当前的发展趋势来看，西方的主要资本主义国家在企业的管理中广泛推行 Y、Z 理论，不断地完善以人为本的管理理念，在很大程度上缓和了劳资矛盾，促进了企业的成长与发展。其次，建立健全我国私营企业的工会组织制度。前文已经探讨过，美国与日本的企业十分注重工会组织制度的构建。据调查表明，劳资纠纷通常在工会制度缺失或者不健全的企业更容易发生，工会组织不仅是员工与企业维护自身合法权益的组织，同时也是协调劳资双方利益关系、调和劳资主要矛盾的重要机构。工会组织制度的科学构建既可以调动员工工作的积极性又可以使其能够适度参与企业的管理，使得一方面企业管理层制定的目标与战略可以通过工会组织得到合理的传达与有力的贯彻，另一方面员工的利益要求以及对发展企业生产经营的意见和建议也可以通过工会反映到企业管理层与所有者中去，这无疑是对企业的成长十分有利的。所以我国的私营企业在成长的过程中要重视工会的组建工作，尽快建立健全工会制度，为实现企业的可持续成长保驾护航。

第四，注意构建企业文化，企业文化的建设是从更高层次上来潜移默化的提升管理效率的途径。曾良才说过："企业文化就是管理文化"，企业管理一旦融入了企业文化就会在一定程度上补充管理制度的刚性缺陷，提高员工对企业的认同感与归属感。因此，私营企业应该注重对企

———————

① ［美］威廉·大内.Z 理论［M］.北京：中国社会科学出版社，1984：4~5.

业文化的建设，根据企业本身的行业特点、产品特点找准定位，塑造高水平的企业价值观，为企业的可持续成长提供优质的软环境。

7.2.4 代际传承制度创新

从当前的发展趋势上看，家族式的私营企业仍然是我国私营企业存在形式的主流。尽管近几年我国的家族企业都普遍进行了现代公司制的进化与蜕变，但是大多数的企业仍然残留着家族企业的一些特征。对于家族企业来说代际传承是企业成长与发展过程中最敏感且最易出现障碍的问题，它直接影响着企业生命周期的长短。据贝克哈德（Beckhard，1993）的实证研究结果表明，只有30%的家族企业成功完成了二代代际传承，而三代代际传承成功率仅有10%。家族企业的代际传承主要是指企业所有权与管理权的传递，对于我国的私营家族企业而言，经过改革开放30多年来的发展，现在已经步入了创业一代的代际传承需求空前膨胀的时期，私营企业权力交接的时代已经不可避免的到来了。在结合我国私营企业成长现状的基础上，借鉴西方发达国家企业代际传承制度的精髓进行制度创新的路径选择建议如下：

第一，注重传承人教育的独立性。此处独立性做解为经济独立与人格独立的双重独立。许多发达国家的长寿家族企业都十分注重对传承人独立性的培养，他们并不鼓励传承人过早进入企业的领导层，而是更倾向于让传承人独自去创立小企业，切实体会经营实践中会面临的问题，这种对于传承人的培养理念十分值得中国家族企业的创业者学习。

第二，理性面对家族外传承人。当家族企业步入传承期而又在家族内部找寻不到合适的传承人时，可以通过外部市场引进人才完成企业有效继承，构建股东大会、董事会、经营层现代公司制度结构，实现所有权与经营权的适度分离，延伸企业成长的生命周期。

第三，建立并完善传承矛盾的协调机制。为了保证家族企业代际传承顺利进行，势必要构建一个企业的权力移交系统或协调机制。会议是解决有待商榷问题较为直接有效的方式，所以公司可以在适当的时期召开以解决代际传承问题为议题的会议，除家族成员外邀请部分企业管理层重要成员（非家族利益相关者）参加，会议由企业所有者主持，通过商讨或投票确定传承人的初步方案，再由家族代表与非家族员工代表在会议上作补充或完善，直至最后确立企业传承人。在讨论确定企业传承人的过程中要注意两点：一是要保证公平性，要以客观、理性的态度来严肃面对企业的代际传承过程。二是要充分照顾相关利益者的反应，因为家族企业的代际传承不仅仅会给家族内部带来震荡，还会对企业员工和其他利益相关者产生影响，所以在企业代际传承的过程中要充分衡量企业所有相关利益者对权力交接的态度，尽可能降低企业传承行为所能带来的风险。

第四，制定与落实传承计划，使整个传承过程做到有序策划与逐步执行相结合。一般情况下，当家族企业所有者步入 40 岁时，就应该开始着手筹划企业的传承问题，遴选具体传承者，移交权力，尽可能减少传承过程中的摩擦，具体步骤可做如下参考：（1）选择下一代传承者；（2）为候选传承者制定准备期计划，包括管理能力培训、自我学习、指导、沟通、业绩评估、个人行政能力评估以及雇佣非家族管理人员计划等；（3）向传承者提供管理实践机会；（4）制定传承过程计划，包括永续经营战略、现任企业主退休计划、资产移交计划等，要对过去及现在的经营状况进行现实评估，并提供合理预期。同时要安排代际传承的具体时间，以及家族成员与企业重要管理层在传承中与传承完成后的责任、权利与义务。为传承者预留考验的缓冲阶段并进行代际传承期的风险评估；（5）建立公司所有利益相关者对企业代际传承期的反馈机制，降低企业权力交接过程中的震荡与摩擦。

参 考 文 献

一、英文参考文献

[1] Aoki, Masahiko. The Cooperative Game Theory of the firm [M]. Oxford Clarendon Press, 1984.

[2] Arrow. K. Economic Welfare and the Allocation of Resources for Invention [A]. the Rate of Inventive Activity [M]. Princeton University Press, 1962.

[3] Baumol, W. Business Bchavior, Value and Growth [M]. 1967.

[4] Blair, Margaret. Ownership and Control: Rethinking Corporate Governance for the 21 century [M]. Washington the Brookings Insitiution, 1995.

[5] Freeman C. The Economics of Industrial Innovation [M]. The MIT Press, 1982.

[6] Mattew Bishop, John Kay and Colin Mayer. Privatization and Economics Performance [M]. Oxford University Press, 1994.

[7] Michael P. Tovar. Economic Development in the Third World [M]. Longman Inc. NewYork, 1981.

[8] Neil Gregory, Sonya Tenet and Dialup M. Wangle. China's Emerging Private Enterprises: Prospects for the New Century [M]. Washington the Brookings Insitiution, 1995.

[9] Neison R Rewriter S. An Evolutionary Theory of Economic Change [M]. Harvard University Press, 1982.

[10] Oliver Hart. Firm, Contracts and Financial Structure [M]. Ox-

ford University Press, 1995.

[11] Penrose Edith. The Theory of the Growth of the Firm [M]. Oxford University Press, 1995.

[12] Richard Heifer, Christopher M McDermott, ET. Radical Innovation: How Mature Companies Can Outsmart Upstarts [M]. Harvard Business School Press, 2000.

[13] Williamson, O. E. The Economics of Discretionary Behavior: Managerial Objectives in a Theory of the Firm [M]. 1964.

[14] Winter, S. G. An Evolutionary Theory of Economic Change [M]. The Belknap Press of Harvard University Press.

[15] A. A. Alchian and H. Demsetz. Production Costs and Economic Organization [J]. American Economic Review, 1972 (62).

[16] Alfred A. Marcus. Policy Uncertainty and Technological Innovation [J]. The Academy of Management Review, Vol. 6, No. 3, 1981.

[17] Andrei Shleifer. Robert W. Vishay. Survey of Corporate Governance [J]. Journal of Finance, 1997 (52).

[18] Barbara Levitt and James G. March. Organizational Learning [J]. Annual Review of Sociology, 1988 (14).

[19] Barney J. Firm Resources and Sustained Competitive Advantage [J]. Journal of Management, 1991 (17).

[20] Biplab K. D. & William R. K Mattagami Analysis of Competitive Strategy [J]. Strategic Management Journal, Vol. 1, No. 4, 1980.

[21] 21. Bruce Korus and Zanier. Knowledge of the Firm, and the Replication of Technology [J]. Organization Science, Vol. 3, No. 3, 1992.

[22] Cohen, W. M & Levinthal, D. A. Absorptive Capacity. A New Perspective on Learning and Innovation [J]. Administrative Science Quarterly, Vol. 35, No. 1, 1990.

[23] Coles J. W and Williams V. B. ET. An examination of the relation-

ship of governance mechanisms to performance ［J］. Journal of Management, 2001 (1).

［24］ Danneels E. The Dynamics of Product Innovation and Firm Competences ［J］. Strategic Management Journal, 2002 (23).

［25］ Demsetz, H. Toward a Theory of Property Rights ［J］. American Economic Review, 1967 (57).

［26］ Demsetz, H. Corporate Control, Insider Trading, and Rates of Return ［J］. American Economic Review, Vol. 76, No. 2, 1986.

［27］ Eugene F. Famed and Michael C. Jensen. Separation of Ownership and Control ［J］. Journal of Law and Economics, Vol. 26, No. 2, 1983.

［28］ Fama Eugene F. Agency Problem and the Theory of the Firm ［J］. Journal of Political Economy, Vol. 88.

［29］ Gabriel Szulanski. Exploring Internal Stickiness: Impediments to the Transfer of Best Practice within the Firm ［J］. Strategic Management Journal, Vol. 17, 1996.

［30］ Gary Hamel. Competition for Competence and Interpreter Learning within International Strategic Alliances ［J］. Strategic Management Journal, Vol. 12, 1991.

［31］ Grossman, S. & Hart, O. The Costs and Benefits of Ownership: A Theory of Vertical and Lateral Integration ［J］. Journal of Political Economy, 1986.

［32］ Hansen G, S. &Hill C, W. L. Is Institutional Investors MyopicA Time – Series Study of Four Technology – Driven Industries ［J］. Strategic Management Journal, Vol. 12, 1991.

［33］ Hart Oliver and Moore. Property Right and the Nature of the Firm ［J］. Journal of Political Economy, Vol. 98.

［34］ James M. Utter back. The Process of Technological Innovation within the Firm ［J］. The Academy of Management Journal, Vol. 14, No. 1,

1971.

[35] Jensen. M. C. and Meekling, W. H. Theory of the Firm: Managerial Behavior, Agency Costs, and Ownership Structure [J]. Journal of Financial Economics, 1976 (3).

[36] Jensen. M. C. The Modern Industrial Revolution, Exit and the Failure of Internal Control Systems [J]. The Journal of Finance, Vol. 48, No. 3, 1993.

[37] Jon L. Pierce and Andre L. Delbeq. Organization Structure, Individual Attitudes and Innovation [J]. The Academy of Management Review, Vol. 2, No. 1, 1977.

[38] Marris, R. The Economic Theory of Managerial Capitalism [M]. Frees Press, 1964.

[39] Morton I. Kamien. and Nancy L. Schwartz. Market structure and innovation: a survey [J]. Journal of Economic Literture, Vol. 13, 1975.

[40] O. hart. J. Moore. Debt and Seniority: an Analysis of Role of Hard Claims in Constraining Management [J]. American Economics Review, 1995 (85).

[41] Paul Geroski and Mariana Mazzucato. Learning and the Sources of Corporate Growth [J]. Industrial and Corporate Change, Vol. 11, No. 4, 2002.

[42] Prahalad, C. K. and G. Hamel. The Core Competence of the Corporation [J]. Harvard Business Review, 1990 (3): 79 – 91.

[43] Robert F Hurley & G. Tomas M. Halt. Innovation, Market Orientation, and Organizational Learning: An Integration and Empirical Examination [J]. Journal of Marketing, Vol. 62, No. 3, 1998: 42 – 54.

[44] Romano. C. A. G. A. Tanewski & K. X. Smyrnios. Capital Structure Decision Making: A Model for Family Business [J]. Family Business Review, 2000 (16).

［45］ Ron Sanchez. Strategic Flexibility in Product Competition ［J］. Strategic Management Journal, Vol. 16, 1995: 135 – 159.

［46］ Scherer, F. M. Market Structure and the Employment of Scientists and Engineers ［J］. American Economic Review, 1967 (57): 524 – 531.

［47］ Shaker A. Zahra, ET. Entrepreneurship in Medium – Size Companies: Exploring the Effects of Ownership and Governance Systems ［J］. Journal of Management, 2000, 26 (5): 947 – 976.

［48］ Shleifer, A and Vishay, R. Large Shareholders and Corporate Control ［J］. Journal of Political Economy, 94.

［49］ Williamson, O. E. Transaction Cost Economics: the Governance of Contractual Relations ［J］. Journal of Law and Economics, Vol. 22, No. 2, 1979: 233 – 261.

［50］ Winter, S. G. The Satisfying Principle in Capability Learning ［J］. Strategic Management Journal, Vol. 21, No. 10/11, 2000: 981 – 996.

［51］ WM. Gerard Sanders and Mason A. Carpenter. Internationalization and Firm Governance: The Roles of CEO Compensation, Top Team Composition, and Board Structure ［J］. The Academy of Management Journal, 1998 (41): 158 – 178.

二、中文参考文献

［1］ 马克思恩格斯全集. 第 1 卷 ［M］. 北京: 人民出版社, 1972.

［2］ 马克思恩格斯选集. 第 2 卷 ［M］. 北京: 人民出版社 1972.

［3］ 马克思恩格斯全集. 第 3 卷 ［M］. 北京: 人民出版社, 1972.

［4］ 马克思恩格斯全集. 第 13 卷 ［M］. 北京: 人民出版社, 1972.

［5］ 马克思恩格斯全集. 第 18 卷 ［M］. 北京: 人民出版社, 1972.

［6］ 马克思恩格斯全集. 第 23 卷 ［M］. 北京: 人民出版社, 1972.

［7］ 马克思恩格斯全集. 第 25 卷 ［M］. 北京: 人民出版社, 1972.

［8］ 马克思恩格斯全集. 第 46 卷 ［M］. 北京: 人民出版社, 1972.

［9］ 毛泽东选集. 第二卷 ［M］. 北京: 人民出版社, 1991.

[10] 毛泽东选集.第三卷 [M].北京：人民出版社，1991.

[11] 毛泽东选集.第四卷 [M].北京：人民出版社，1991.

[12] 邓小平文选.第一卷 [M].北京：人民出版社，1989.

[13] 邓小平文选.第二卷 [M].北京：人民出版社，1983.

[14] 邓小平文选.第三卷 [M].北京：人民出版社，1993.

[15] 中共中央抗日民族统一战线文选集（下）[M].北京：档案出版社，1986.

[16] 许之桢编译.毛泽东印象记 [M].沈阳：东北书局，1947.

[17] 莫尔.乌托邦 [M].上海：三联书店，1956.

[18] 科斯.财产权利与制度变迁 [M].上海：三联书店，1991.

[19] 诺斯.制度、制度变迁与经济绩效 [M].上海：三联书店，1994.

[20] 小艾尔弗雷德·钱德勒.看得见的手——美国企业的管理革命 [M].北京：商务印书馆，1987.

[21] 约翰·康芒斯.制度经济学 [M].北京：商务印书馆，1997.

[22] 保罗·萨缪尔森，威廉·诺德豪斯.经济学 [M].北京：人民邮电出版社，2004.

[23] 马歇尔著，陈瑞华译.经济学原理（上卷）[M].陕西：人民出版社，2006.

[24] 约瑟夫·熊彼得.经济发展理论 [M].北京：商务印书馆，1990.

[25] 凡勃伦.有闲阶级论 [M].北京：商务印书馆，1980.

[26] 青木昌彦.比较制度分析 [M].上海：远东出版社，2001.

[27] 卢现祥.西方新制度经济学 [M].北京：中国发展出版社，2003.

[28] 黄孟复.中国民营经济发展报告No.9 [M].北京：社会科学文献出版社，2012.

[29] 王强.中国民营企业经济运行报告，2012 [M].北京：中国

经济出版社，2013.

　　[30] 木志荣. 中国私营经济发展研究 [M]. 厦门：厦门大学出版社，2004.

　　[31] 中共中央文献研究室. 三中全会以来重要文献选编（上）[M]. 北京：人民出版社，1982.

　　[32] 中共中央文献研究室. 三中全会以来重要文献选编（下）[M]. 北京：人民出版社，1982.

　　[33] 中共中央文献研究室. 第十二次全国代表大会文件汇编 [M]. 北京：人民出版社，1982.

　　[34] 黄文夫. 民营在中国 [M]. 北京：中国城市出版社，2003.

　　[35] 王长富. 改革开放后的中国私营经济 [M]. 北京：中国人民大学出版社，1997.

　　[36] 张厚义，明立志. 中国私营企业发展报告（1978～1998）[M]. 北京：社会科学文献出版社，1999.

　　[37] 董辅礽. 中华人民共和国经济史（下卷）[M]. 北京：经济科学出版社，1999.

　　[38] 迟福林. 中国改革评估报告 [M]. 北京：中国经济出版社，2006.

　　[39] 陈建军. 中国高速增长地域的经济发展——关于江浙模式的研究 [M]. 上海：人民出版社，2000.

　　[40] 阳小华，曾健民等. 民营经济发展研究 [M]. 湖北：人民出版社，2000.

　　[41] 岳福斌. 现代产权制度研究 [M]. 北京：中央编译出版社，2007.

　　[42] 应焕红. 家族企业制度创新 [M]. 北京：社会科学文献出版社，2005.

　　[43] 陈永志. 中国当代私营经济 [M]. 厦门：厦门大学出版社，1994.

［44］阿里·德赫思.长寿公司［M］.北京:经济日报出版社,1998.

［45］杜慕群.企业核心竞争力［M］.北京:经济科学出版社,2004.

［46］林毅夫.关于制度变迁的经济学理论:诱变性变迁与强制性变迁［M］.上海:三联书店,2002.

［47］袁庆民.新制度经济学［M］.北京:中国发展出版社,2005.

［48］张之光.中国当代私营经济的现状和发展［M］.北京:改革出版社,1992.

［49］国家"七五"期间中国私营经济研究课题组.中国私营经济——现状、问题、前景［M］.北京:中国社会科学出版社,1989.

［50］吴楚汉,王晓萍.我国私营企业可持续成长初探［M］.北京:中共中央党校出版社,2001.

［51］潘石.中国私营经济——经济理论前沿问题研究［M］.长春:吉林大学出版社,2011.

［52］杨杜.企业成长论［M］.北京:中国人民大学出版社,1996.

［53］程虹.制度变迁的周期［M］.北京:人民出版社,2001.

［54］邹东涛,李增刚.经济中国之新制度经济学与中国［M］.北京:中国经济出版社,1997.

［55］李东进.私营企业在中国的再生［M］.天津:社会科学院出版社,1992.

［56］李东红.制度变迁——中国企业成长透视［M］.北京:经济科学出版社,2004.

［57］陈名淑,王元京.民营经济——发展的新机制、新动力和新机遇［M］.云南:人民出版社,2004.

［58］金观涛,刘青峰.开放中的变迁——再论中国社会超稳定结构［M］.香港:中文大学出版社,1993.

［59］张五常.经济解释三:制度的选择［M］.香港:花千树出版有限公司,1993.

［60］汪丁丁.经济发展与制度创新［M］.北京:中国人民大学出

版社，2008.

[61] 顾钰民. 马克思主义制度经济学 [M]. 上海：复旦大学出版社，2005.

[62] 宋玉华等. 美国新经济研究（经济范式转型与制度演化）[M]. 北京：人民出版社，2002.

[63] 佟福全，范新宇，王德迅. 西方混合所有制企业比较 [M]. 北京：经济科学出版社，2001.

[64] 刘伟. 中国私营资本 [M]. 北京：中国经济出版社，2000.

[65] 张厚义. 中国私营企业发展报告 [M]. 北京：社会科学文献出版社，2002.

[66] 余国治. 中国民营企业批判 [M]. 北京：当代中国出版社，2005.

[67] 李振杰. 中国私营企业透视 [M]. 北京：经济管理出版社，1999.

[68] 邓波. 民营经济前沿问题的研究 [M]. 北京：中国时代经济出版社，2003.

[69] 何丰. 制度变迁中的企业创新研究 [M]. 上海：上海大学出版社，2004.

[70] 谢健. 民营中小企业制度创新 [M]. 北京：新华出版社，2002.

[71] 钱滔. 地方政府、制度变迁与民营经济发展 [M]. 杭州：浙江大学出版社，2008.

[72] 龚晓菊. 制度变迁与民营经济发展研究 [M]. 武汉：武汉大学出版社，2005.

[73] 何丰. 制度变迁中的企业创新研究 [M]. 上海：上海大学出版社，2004.

[74] 余治国. 中国民营企业批判 [M]. 北京：当代中国出版社，2005.

［75］厉以宁.厉以宁论民营经济［M］.北京：北京大学出版社，2007.

［76］李维安等著.中国民营经济制度创新与发展［M］.北京：经济科学出版社，2009.

［77］谢小军.民营企业产权制度创新研究［M］.长沙：湖南大学出版社，2007.

［78］嵇尚洲.中国企业制度变迁研究［M］.北京：经济管理出版社，2010.

［79］官风华，刘少成.现代企业制度［M］.北京：人民出版社，1995.

［80］汤顺利.私营企业批判［M］.北京：中国时代出版社，2003.

［81］黄速建，王钦，贺俊等.中国民营企业治理演进问题研究［M］.北京：经济管理出版社，2008.

［82］潘石.当代中国私营经济研究［M］.太原：山西经济出版社，1991.

［83］李亚.民营企业公司治理［M］.北京：中国方正出版社，2002.

［84］付晓明.私营公司发展问题报告［M］.北京：中国商业出版社，2001.

［85］黄文夫.民营在中国［M］.北京：中国城市出版社，2003.

［86］李明.私营企业成功模式解析［M］.北京：中国致公出版社，2002.

［87］刘伟.中国私营资本［M］.北京：中国经济出版社，2001.

［88］王强.企业失败研究［M］.北京：中国时代经济出版社，2002.

［89］李朝霞.企业进化机制研究［M］.北京：北京图书馆出版社，2000.

［90］黄玉捷.内生性制度的演进逻辑［M］.上海：上海科学出版

社，2004.

[91] 芮明杰．现代企业持续发展理论与策略 [M]．北京：清华大学出版社，2004.

[92] 吴光飙．企业发展的演化理论 [M]．上海：上海财经出版社，2004.

[93] 李建军．企业文化与制度创新 [M]．北京：清华大学出版社，2004.

[94] 余伟萍．企业持续发展之源——能力法则与策略应用 [M]．北京：清华大学出版社，2005.

[95] 李新春，张书军．家族企业：组织、行为与中国经济 [M]．上海：上海三联书店，2005.

[96] 潘石．中国私营资本原始积累 [M]．北京：清华大学出版社，2005.

[97] 潘石．嬗变：中国富豪的第一桶金 [M]．北京：清华大学出版社，2005.

[98] 潘石．我国现阶段劳资关系初探 [N]．内部参政，1993.5.8.

[99] 田纪云．放手发展民营经济走富民强国之路 [N]．人民日报，2002.3.19.

[100] 林跃峰．我国私营企业制度创新研究 [D]．厦门：厦门大学，2007.

[101] 林汉川等．中小企业发展中所面临的问题 [J]．中国社会科学，2003 (2)：84-94.

[102] 林毅夫等．现代企业制度的内涵与国有企业改革方向 [J]．经济研究，1997 (3)：1-11.

[103] 陈佳贵．关于企业生命周期与企业蜕变的探讨 [J]．中国工业经济，1995 (11)：8-13.

[104] 潘石．产权创新：中国私营资本企业可持续发展的基础与关

键 [J]. 天津社会科学, 2003 (06): 84 - 87.

[105] 潘石, 薛有志. 关于私营企业发展的几个理论和现实问题 [J]. 当代经济研究, 1996 (3): 50 - 53.

[106] 年志远. 中国私营企业成长中的制度变迁 [J]. 吉林大学社会科学学报, 2001 (1): 44 - 48.

[107] 袁野, 陈俊龙. "十二五" 时期私营企业成长路径探索 [J]. 2011 (6): 142 - 144.

[108] 陈明乾. 试论温州民营经济发展动因与特点 [J]. 浙江学刊, 2002 (3): 175.

[109] 洪银兴, 陈金敏. 苏南模式的新发展——兼与温州模式比较 [J]. 宏观经济研究, 2001. (7): 32.

[110] 杨玉秀. 美日企业的发展模式比较分析 [J]. 环渤海经济瞭望. 2013 (9): 52.

[111] 王占阳. 延安时期毛泽东关于私人资本主义经济的理论论述 [J]. 长白学刊, 1995 (2).

[112] 赵振霞. 邓小平对毛泽东发展多种经济成分思想的继承和发展 [J]. 长白学刊, 1996 (6).

[113] 蔡辉前. 我国私营企业发展现状与对策分析 [J]. 理论研究, 2012 (3): 29.

[114] 李永东. 制度变迁与可持续发展 [J]. 社科纵横, 2011 (10): 25 - 27.

[115] 项晓君, 孙小凯. 私营企业发展现状与对策分析 [J]. 现代商贸工业, 2011 (9): 53 - 54.

[116] 程玉敏, 王益宝. 私营企业概念界定及其发展特征初探 [J]. 商业研究, 2003 (22): 33.

[117] 陈俊龙, 汤吉军. 预算软约束视角下私营企业的成长 [J]. 现代国企研究, 2013 (12): 60 - 63.

[118] 信卫平. 私营企业职工收入问题研究——基于工会的视角

[J]. 中国劳动关系学院学报, 2013 (06): 6 - 12.

[119] 张国艳. 浅析社会主义核心价值体系在私营企业中的构建与引导 [J]. 企业研究, 2013 (22): 185 - 186.

[120] 王晓华, 张瑞军. 私营中小企业文化建设路径构建 [J]. 创新科技, 2013 (11): 28 - 29.

[121] 修嘉琦. 我国私营企业融资问题与对策分析 [J]. 中国外资, 2013 (21): 116 - 120.

[122] 廉湘, 傅贤治. 基于生命周期的家族企业决策模式分析 [J]. 经营管理者, 2013 (26): 191.

[123] 李文波. 中国私营企业生存发展与法律政策环境的实证分析 [J]. 河北经贸大学学报 (综合版), 2013 (03): 78 - 83.

[124] 胡劭颖. 我国私营企业激励导向的薪酬体系构建——基于员工激励 "四力模型" 的思考 [J]. 对外经贸 2013 (09): 100 - 102.

[125] 陈争明. 民营企业转型与升级: 演化历程与路径选择 [J]. 中国投资, 2013 (S2): 263.

[126] 高雅, 李孔岳, 吴晨. 企业家政治关系、市场化程度与行政垄断行业进入——基于中国私营企业的实证研究 [J]. 经济管理与研究, 2013 (09): 95 - 104.

[127] 郭双梅. 私营企业发展的困境与突破方式研究 [J]. 现代经济信息, 2013 (15): 92.

[128] 中华民营企业联合会课题组. 我国民营经济发展状况和经营环境问题研究 [J]. 经济研究参考, 2013 (44): 3 - 29.

[129] 张艳菊. 私营企业融资难问题成因及对策 [J]. 现代经济信息, 2013 (11): 260 - 262.

[130] 袁岳. 民营企业的新发展空间 [J]. 现代企业文化, 2013 (Z1): 20.

[131] 刘若昕. 推动欠发达地区私营企业发展的政策 [J]. 经济纵横, 2013 (05): 73 - 76.

[132] 管振. 试论企业改革中的制度创新 [J]. 经营管理者, 2013 (10): 1 - 2.

[133] 苏晨. 中国家族式企业的发展现状及其对策 [J]. 经营管理者, 2013 (04): 101.

[134] 曾萍, 邓腾智, 宋铁波. 制度环境、核心能力与中国民营企业成长 [J]. 管理学报, 2013 (05): 663 - 670.

[135] 耿成轩, 鄂海涛. 民营经济制度演进中的政府行为优化与创新 [J]. 中国行政管理, 2013 (05): 65 - 68.

[136] 剧锦文. 中国民营企业转型与升级: 演化历程与路径选择 [J]. 江海学刊, 2013 (03): 92 - 98.

[137] 文少芬. 基于员工激励的私营企业发展探讨 [J]. 企业家天地, 2013 (04): 38 - 39.

[138] 唐剑, 袁蕴, 制度变迁视阈下的企业竞争力演化: 一个动态分析框架 [J]. 商业经济与管理, 2012 (05): 84 - 87.

[139] 卢成万, 周昭雄, 孙珺. 民间金融发展与民营经济增长关系的实证分析——基于诱致性制度变迁下的视角 [J]. 管理现代化, 2012 (06): 30 - 32.

[140] 吴晶晶. 浅谈中国家族企业制度变迁的障碍 [J]. 商, 2012 (13): 26.

[141] 陶雪飞. 中国渐进式改革中民营企业融资困境研究 [J]. 统计与决策, 2012 (15): 173 - 176.

[142] 张宏博. 家族企业转型的对策研究 [J]. 华东经济管理, 2012 (07): 92 - 97.

[143] 贺家智. 企业治理制度创新研究 [J]. 东方企业文化, 2012 (08): 188 - 190.

[144] 卢先祥, 许晶. 不同环境保护制度的绩效比较研究——基于省级动态面板数据 [J]. 贵州社会科学, 2012 (05): 82 - 87.

[145] 颜节礼, 唐建荣. 基于环境约束的苏南模式转变有效性分析

[J]. 华南农业大学学报（社会科学版），2012（04）：21 – 27.

[146] 徐充，仇荀. 制度变迁视阈下"珠三角"发展模式的演进及启示 [J]. 学习与探索，2012（04）.

[147] 汪俊. 私营企业内部控制的发展观察 [J]. 经济研究参考，2012（16）：47 – 50.

[148] 徐磊. 非正式制度变迁与我国市场经济体制的完善 [J]. 中国市场，2013（28）：48 – 49.

[149] 陈春燕. 从企业内部因素分析我国家族企业的制度变迁 [J]. 商品与质量，2011（S9）：64 – 65.

[150] 田丽. 浅析家族制企业与委托——代理制的融合 [J]. 现代商业，2011（07）：118.

[151] 代颖. 我国民营经济制度变迁、制度"锁定"及"解锁"研究 [J]. 行政与法，2011（04）：50 – 53.

[152] 姜俊吉. 中小民营企业融资：困境、成因和对策 [J]. 北京电子科学学院学报，2011（01）：29 – 55.

[153] 杨绍政. 制度、制度效率和制度变迁 [J]. 贵州大学学报（社会科学版），2011（03）：41 – 46.

[154] 工商总局：十年来我国私营、个体经济发展迅速 [EB/OL]. [2012 – 10 – 03]. 中国日报（网络版）：来源新华社 http：//www. chinadaily. com. cn/hqgj/jryw/2012 – 10 – 03/content_7159313. html.

[155] 国务院办公厅：国务院关于鼓励支持和引导个体私营等非公有制经济发展的若干意见 [EB/OL]. [2005 – 8 – 12]. 中央政府门户网站：http：//www. gov. cn/zwgk/2005 – 08/12/content_21691. html.

[156] "温州模式"之痛 [EB/OL]. [2013 – 08 – 22]. 和讯新闻：http：//news. hexun. com/2013 – 08 – 22/157317296. html.

后　　记

　　本书是根据本人的博士论文修改后出版的。中国私营企业成长的制度创新研究是一项挑战性很大的课题，在整个研究过程中都离不开老师、家人、同学与朋友的热情相助，在这里请让我借以文字来表达自己最诚挚的感谢：

　　感谢我的导师潘石教授，整篇论文的每一步都倾注了潘老师大量的心血，正是有了潘老师的悉心指导，我的学位论文才能够得以顺利完成。在论文撰写的过程中，潘老师一直以高标准严格要求我，从题目的敲定到论文的多稿润色、修改，潘老师都始终从繁忙的科研工作中抽出时间给予我及时而细致的指导。每当我在撰写论文时遭遇瓶颈，潘老师都能够为我指点迷津，帮助我开拓思路。潘石老师用他渊博的学识、敏捷的思维，指导我在学术的道路上不断前行。不仅如此，潘老师对学术的热情、治学严谨的态度和对生活积极乐观的精神都深深的震撼着我、感染着我。在此我要衷心感谢我的导师给予我的学术上的指导与生活上的关心，他的言传身教使我受益匪浅，学生将谨此铭记终身。

　　感谢吉林大学经济学院的各位老师，年志远教授、齐平教授、李士梅教授、徐传谌教授等对我的求助总是有求必应，为我论文的撰写提供了大量有价值的珍贵文献资料，也提出了诸多宝贵的意见。

　　感谢中国财政科学研究院院长我的博士后导师刘尚希研究员在我修改博士论文、整理出版成书的过程中提出的宝贵意见，使我受教颇深。我深感自己是一个幸运的人，可以在人生的道路上遇到这么多这么优秀的导师，在这里请接受学生发自内心深处最诚挚的谢意，谢谢老师们！

感谢经济科学出版社的鼎力支持以及贵社责任编辑的辛勤劳动。

感谢我的父母与丈夫，在整个撰写论文及整理出版书稿的过程中，他们给予了我极大的帮助，是我心灵与精神上最强大的后盾。感谢我的同学与朋友，学术上的切磋与鼓励总能激发我不断前进的动力。感谢他们！

尽管由于笔者能力有限，该篇论文在很多方面尚存不足，我将会以此作为今后进一步学习研究的启示，更加努力、更加勤奋，以期在论文创作与科学研究上取得更大的进步。

王子林

2016 年 12 月于北京